모험생을 위한
비전 나침반

모험생을 위한
비전 나침반

김태용 지음

SANTA MARIA

꿈을 현실로 만드는 퍼스널 프로젝트

바른북스

Dear. _____

_____ *Dream.*

꿈을 향한 나침반

여러분, 안녕하세요.

이 책을 손에 든 순간, 여러분은 이미 자신의 꿈을 향한 첫걸음을 내디뎠습니다. 이 책은 2024년 10월 12일 콜럼버스의 날에 맞추어 출간되었습니다. 콜럼버스가 미지의 대륙을 발견하기 위해 떠났던 항해처럼, 여러분을 새로운 길로 안내하고 그 여정에서 스스로 비전을 세워 항해할 수 있도록 용기와 지혜를 주는 나침반이 되어줄 것입니다. 이제 여러분의 항해가 시작됩니다.

우리나라의 교육 시스템은 오랫동안 입시에 초점을 맞춰왔습니다. 많은 청소년들이 대학 입학을 인생의 최종 목표로 여기며, 그 이후의 삶에 대한 비전이나 장기적인 계획을 세우지 못한 채 살아가고 있습니다. 그러나 인생은 정해진 정답이 있는 시험지가 아닙니다. 대학 입학은 중요한 이정표일 수 있지만, 그 이후에 펼쳐질 삶은 더욱 소중하고 의미 있는 여정입니다.

이 여정에서 중요한 것은 단순히 목표를 달성하는 것이 아니라, 자신의 가치를 발견하고, 그 가치를 바탕으로 더 나은 자신을 만들어 가는 것입니다. 대학이라는 목적지를 넘어, 여러분의 삶은 무한한 가능성과 선택의 연속입니다. 지금 이 순간부터, 여러분은 그 여정을 시작할 수 있습니다.

이 책은 여러분이 자신의 비전을 발견하고, 이를 실현하기 위한 구체적인 방법을 제시하는 것을 목표로 합니다. 비전이란 단순한 꿈 이상의 것입니다. 비전은 여러분의 삶의 방향을 명확히 설정해 주는 나침반과도 같습니다. 비전이 어떻게 삶의 목적을 부여하고, 그 목적을 달성하기 위한 실행 계획을 통해 비전을 현실로 만드는지를 탐구합니다.

비전을 가진 사람은 그 비전을 현실로 만들기 위해 끊임없이 노력하며, 그 과정에서 성장하고 발전하게 됩니다. 이 책은 여러분이 단순한 꿈을 넘어 자신의 인생을 주도적으로 설계하고 만들어 나가는 방법을 안내합니다. 여러분이 비전을 현실로 구현하는 여정을 통해 더욱 의미 있는 삶을 만들어 가길 바랍니다.

여러분이 맞이할 미래는 끝없이 펼쳐진 바다와 같습니다. 어떤 날은 맑고 고요한 바다를 만날 것이고, 또 어떤 날은 거센 폭풍우를 겪을지도 모릅니다. 중요한 것은 어떤 상황에서도 항해를 멈추지 않고 나아가는 용기입니다. 목표를 향해 나아가는 과정에서 배는 점점 더 견고해지고, 그 여정에서 얻는 다양한 경험을 통해 더욱 숙련된 항해 기술을 익히게 될 것이며, 자신만의 비전을 가지고 나아가는 사람만이 변화하는 세상에서 난파되지 않고 목적지에 도달할 수 있을 것입니다.

모두가 같은 길을 갈 필요는 없습니다. 세상에는 무수히 많은 길이 존재하며, 비전을 바탕으로 한 모험은 오직 자기 자신만이 갈 수 있는 특별한 길입니다. 관심사와 흥미를 발견하고, 그 속에서 열정을 비전으로 이끌어 갈 때, 진정한 위대한 모험이 시작됩니다. 이 세상에는 정해진 길이 없기에, 여러분이 그 길을 직접 만들어 가야 합니다.

　어디로 향해야 할지 모를 때, 이 책이 여러분의 가슴속 깊은 곳에 잠들어 있는 비전을 발견하는 꿈을 향한 나침반이 되어줄 것입니다.

목차　　**프롤로그**　꿈을 향한 나침반

제1장 항구

제2장 승선

제3장 출항

참고자료

청소년지도사로 근무하며

저자의 퍼스널 프로젝트

에필로그 꿈을 향한 여정의 끝, 그리고 새로운 시작

참고문헌

제1장 항구

이 장에서는 우리나라의 교육 시스템의 한계와
그로 인해 학생들이 겪는 어려움에 대해 다룹니다.
교육 시스템의 문제점을 분석하고,
비전을 찾는 과정이 왜 중요한지 설명합니다.
또한, 모범생보다 '*모험생'이 되어 자신의 비전을 찾아
나서는 것이 왜 중요한지 이야기합니다.

---

* 　모험생 : '모험을 하는 학생'을 의미하며, 기존 틀에 얽매이지 않고 새로운 도전
　　을 통해 성장하는 사람을 의미함.

교육 시스템의 한계와
비전의 중요성

큰 배를 만들려면 방법을 알려주기 전에,

바다에 대한 동경심을 먼저 심어주어라.

– 앙투안 드 생텍쥐페리(프랑스의 작가 · 비행사)

우리의 교육 시스템은 정해진 항로를 따르는 것과 같습니다. 입시 위주의 교육, 즉 훈련을 통해 학생들은 철저하게 계획된 경로를 따라가도록 요구받기 때문입니다. 청소년기부터 우리는 학교의 효율 중심 교육 시스템 속에서 자라왔습니다. 학교는 대규모 학생을 효율적으로 관리하기 위해 단체 중심의 교육을 시행하지만, 이는 개인의 개성과 잠재력을 발휘하기에는 한계가 있습니다.

예를 들어, 대강당에 모인 학생들에게 진행되는 일방적인 강의는 비용적인 측면에서 효율적일 수 있지만, 교육의 질적 효과는 의문스럽습니다. 이처럼 학생 개개인의 목표 달성과 성장에는 크게 기여하지 못하기 때문입니다. 청소년 개개인이 자신만의 꿈과 목표를 찾기보다는 남들과 동일한 경로를 따라가도록 만듭니다. 결국, 청소년들은 입시라는 틀에 갇혀 관리와 통제의 대상으로 인식되기 시작하며, 이로 인해 수동적인 학습 태도를 가지게 됩니다.

청소년들이 *전인적 교육과 문화 활동을 위해 다양한 청소년 수련시설이 마련되어 있지만, 현실적으로 청소년이 자치기구 · 동아리 · 프로그램 등에 참여하는 것은 쉽지 않은 일입니다. 먼저, 시험기간이 아니어야 하며, 학원 시간표도 겹치지 않아야 합니다.

청소년들이 이러한 활동에 참여하여 자신의 진로에 진정으로 관심을 가질 수 있도록 하려면, 우선 청소년들이 숨 쉴만한 여유는 있는지 돌아봐야 합니다. 그들에게 일상을 돌려주고, 건강하게 성장할 수 있는 환경을 제공하는 것이 필요합니다. 입시 공부가 아닌

---

* 전인적 교육 : 단순히 지식만을 가르치는 교육 방식에서 벗어나, 신체적, 도덕적, 그리고 지적 발달을 고루 중요시하는 교육 방법을 의미함.

삶의 공부를 해야 하고, 경쟁이 아닌 협력을 배워야 합니다.

청소년들의 진정한 진로는 자기탐색에서 나옵니다. 그러나 과도한 교과목 수업 일정으로 이루어진 시간표에서는 새로운 시대에 창의적이고, 자신의 행복한 미래를 상상할 여력이 나올 리 없습니다. 현재의 교육 환경에서 청소년은 경쟁에서 살아남기 위해, 그리고 질식하지 않기 위해 현재의 교육 환경 아래에서 겨우 발을 움직일 뿐입니다. 청소년들이 더 많은 잠재력을 발휘할 수 있도록 개선이 필요합니다.

워렌 베니스의 저서 《워렌 베니스의 리더와 리더십》에서는 사회적으로 인정받는 90명의 리더와의 인터뷰를 통해, 그들의 일하는 방식을 연구했습니다. 이 연구에서 발견된 공통점 중 하나는 "리더들은 모두 비전에 대해 뛰어난 감각을 가지고 있었고, 그 비전에 이끌려 사는 사람들"이었습니다. 비전은 그들의 삶과 일의 방향을 명확히 설정해 주는 중요한 나침반 역할을 했습니다.

이 리더들은 비전을 단순한 목표로 삼는 것을 넘어, 비전을 통해 자신이 나아갈 길을 구체화하고, 그 길을 따라 흔들림 없이 전진했습니다. 비전은 그들의 모든 결정과 행동의 중심에 자리 잡고 있었으며, 이를 통해 조직과 개인의 성장을 이끌어 나갔던 것입니다. 이처럼 비전은 그들의 성공과 리더십의 핵심 동력으로 작용했습니다.

그럼에도 불구하고, 우리나라에서는 개인의 비전에 대해 충분히 다루지 않습니다. 이들이 어릴 때부터 좋은 대학, 좋은 직장만을 목표로 삼습니다. 결국, 청소년들은 중요한 삶의 질문들, '자신이 누구인지, 무엇을 좋아하는지, 어떻게 살고 싶은지'에 대해 깊이 고민할 기회를 거의 가지지 못합니다.

우리는 때로 현명해지기보다는 남들과 비슷해지려는 데 더 많은 노력을 기울입니다. 자신의 독창적인 생각과 주관을 가지기보다는, 결국 주변 사람들과 같아지거나, 남들이 보는 나를 너무 많이 의식한다는 것이죠. 그러나 대량 생산의 시대는 이미 지나갔습니다. 이제는 개인의 특성과 가치를 존중하는 다품종 소량의 시대가 도래했습니다.

음악 스트리밍 서비스는 사용자 개인의 음악 취향을 고려한 음악을 알고리즘을 통해 제공하며, 개인이 창의적인 프로젝트를 소개하고 자금을 모으는 크라우드 펀딩도 그 일환입니다. 이제 우리에게 필요한 것은 남과 같아지려는 노력이 아니라, 자신만의 고유한 가치를 발견하고 발전시키려는 노력입니다.

그러나 현재의 교육 시스템은 학생들이 자신의 개성과 잠재력을 발견하고 발휘할 기회를 제공하지 않습니다. 이는 학생들이 자신의 꿈과 목표를 찾는 데 큰 장애물이 됩니다. 교육의 본질은 학생들의 개성과 잠재력을 발휘하게 하는 데 있으며, 개인의 특성을 중요시하는 교육 환경에서는 학생들이 자신만의 길을 찾아 나서게 될 것입니다.

이러한 교육의 한계를 극복할 수 있는 대안으로, 단순한 효율성을 넘어, 개인의 관심사와 목표를 중심으로 한 주도적인 학습과 성장의 기회가 필요합니다. 청소년들이 자신이 진정으로 하고 싶은 일을 탐색하고, 그 과정에서 자신의 정체성과 가치를 발견할 수 있어야 합니다.

미국의 고등학교와 대학교에서는 학생들이 다양한 동아리 활동과 프로젝트를 통해 직접 문제를 해결하고, 프로젝트를 기획하여 팀워크를 배우는 것이 일반직입니다. 이리한 활동은 단순한 지식 전달을 넘어서, 학생들이 실질적인 경험을 통해 배우고 성장할 수 있는 중요한 능력을 키우게 됩니다. 또한, 진로를 탐색하는 데 큰 도움을 주게 되며, 대학입학 과정에서도 긍정적인 평가를 받습니다.

반면, 한국의 교육은 시험과 성적에 치중하고 있습니다. 공부의 목적을 모른 채 공부하는 행위에만 몰두하는 것은 문제입니다. 이는 학생들이 자신의 흥미와 재능을 발견하는 데 장애가 됩니다. 자유로운 동아리 활동에 제한이 많고, 동아리의 목적과 다르게 자습을 하는 경우도 있습니다. 진로 수업 역시 대체로 이론적인 정보 전달에 치중합니다. 학업 성적을 중시하는 문화로 인해 한국 청소년들이 실질적으로 경험할 기회는 제한적입니다.

통계청의 2022년 한국 사회조사보고서에 따르면 전공과 직업이 일치한다고 응답한 비율은 36.8%로 나타났으며, '관계없는 편, 전혀 관계없음' 비율은 39.8%로 전공과 직업의 일치도에서 전공과 직업의 '일치'보다 '불일치'하는 비율이 3% 높습니다.

● 전공과 직업은 얼마나 일치할까?

(통계청, 2022년 한국사회조사 보고서)

항 목	일 치	불일치	보통
남 자	37.6%	38.7%	23.7%
여 자	35.8%	41.1%	23.1%
전 체	36.8%	39.8%	23.4%
대학교 졸업 (4년제 미만)	33.5%	42.0%	24.5%
대학교 졸업 (4년제 이상)	46.9%	31.1%	22.0%
대학원 졸업	72.2%	13.0%	14.9%

● 전공과 직업의 일치도

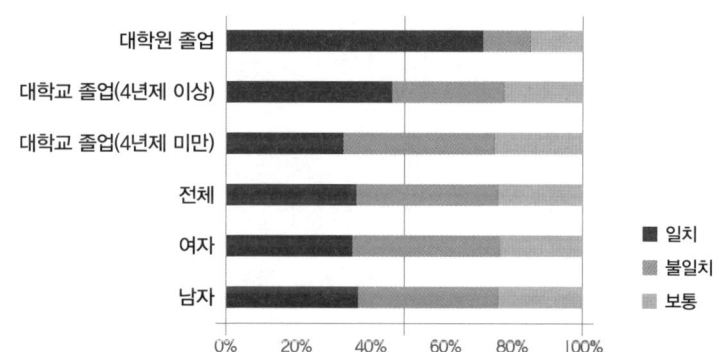

이 통계는 통계청에서 2년마다 조사하여 발표하고 있습니다. 2014년부터 2022년까지 조사결과를 평균으로 보면, **전공과 직업의 일치도는 평균 36.8%, 불일치는 38.3%**입니다.

대학 전공을 바꾸기 위해 노력하다가 결국 대학 과정을 포기하는 경우도 있고, 전공을 바꿔서 새로운 대학에 다시 입학하는 사람도 있습니다. 자신의 진학에 대해 많은 고민을 했겠지만, 만약에 자신의 적성과 전공이 일치하지 않는다면 많은 기회비용을 잃을 수도 있습니다.

우리는 교육에 어릴 때 조기교육부터 사교육, 고등교육까지 훈련에 가까울 만큼 많은 노력을 기울이지만, 정작 중요한 진로에 대한 고민은 책상 앞에서 결정되어 현실적인 체험이나 자기 성찰의 기회가 부족함이 많습니다.

통계에 따르면 대학원 졸업자의 경우, 72.2%가 전공과 직업이 일치한다고 응답했습니다. 교육 수준이 높을수록 전공과 직업의 일치도가 높아지는 것입니다. 대학과 대학원을 거치면서 학생들은 전공에 대한 생각을 거듭하게 되고, 이 과정에서 학문에 대한 이해도 깊어지면서, 자신의 전공을 직업으로 연결시키는 능력이 향상되는 것입니다.

따라서 청소년 시기에도 깊이 있는 고민과 충분한 생각의 시간이 필요합니다. 이 시기에 다양한 경험과 생각을 통해 자신이 진정으로 무엇을 원하는지, 어떤 분야에 열정을 가지고 있는지를 탐색해야 합니다.

청소년들이 고민할 수 있는 기회를 제공하는 것은 미래에 대한 불안을 단순히 해소하는 것이 아니라, 그들이 진로를 명확히 하고 자신에게 맞는 길을 발견해 나가는 데 중요한 과정입니다. 이러한 기회를 통해 청소년들은 자신의 흥미와 적성에 맞는 분야를 발견하고, 그에 맞는 진로를 설정할 수 있게 됩니다. 이는 결국 그들의 삶을 더욱 의미 있게 만들고, 미래의 직업 선택에 있어서도 큰 차이를 만들어 줄 것입니다.

한국경제원은 청년 대졸자의 취업이 지연되는 이유로 전공과 일자리의 '*미스매치'를 지적했습니다. 우리나라 전공과 직업 간의 미스매치율은 50%로 OECD 22개국 중 1위로 조사되었습니다. 이는 한국인의 인적자원 절반이 비효율적으로 배분되고 있을 가능

---

* 미스매치 : 두 가지 요소가 서로 어울리지 않는 상태를 의미함. 여기서는 전공과 직업이 일치하지 않는 상황을 말함.

성이 높다는 말이기도 합니다.

자신이 선택했던 전공이 학업이나 생활을 하면서 더 관심 있는 분야로 바뀔 수 있습니다. 대학 생활 중에는 전공 수업 외에도 다양한 경험을 통해 새로운 분야를 발견하고, 미래를 준비할 수 있는 기회가 주어집니다. 이는 학생들이 자신의 진정한 흥미와 적성을 찾아가는 중요한 과정입니다. 처음 선택한 전공이 반드시 평생의 직업으로 이어지지는 않으며, 대학 시절의 다양한 경험은 새로운 열정과 가능성을 발견하는 데 큰 역할을 합니다.

특히, 현대 사회는 다양한 분야가 융합되고 서로 연결되어 가고 있습니다. 이런 환경에서는 특정한 전공만으로는 한계를 느낄 수 있습니다. 예를 들어, 기술이 급속히 발전하면서 전통적인 학문과의 경계가 모호해지고, 다방면의 지식을 갖춘 융합형 인재가 요구되고 있습니다. 이러한 변화 속에서 학생들은 자신이 선택한 전공이 미래에 어떤 역할을 할 수 있을지, 그리고 그 전공이 다른 분야와 어떻게 융합될 수 있을지를 고민할 필요가 있습니다.

따라서 자신의 전공 선택을 재평가하고, 변화하는 관심사를 반영해 새로운 길을 모색하는 것이 중요합니다. 이는 대학 생활의 핵

심적인 부분이며, 학생들이 자신의 진로를 주체적으로 설계하는 데 중요한 역할을 합니다. 이런 과정을 통해 학생들은 보다 넓은 시야를 갖추게 되고, 다양한 분야에서 자신의 가능성을 탐구하며, 그에 맞는 미래를 준비할 수 있게 됩니다.

또한, 이러한 통계를 분석하고 이를 바탕으로 전공 선택의 유연성을 갖는 것은 매우 중요합니다. 자신의 전공이 더 이상 흥미를 끌지 못하거나, 시대의 변화에 맞지 않는다고 느낀다면, 그에 맞춰 방향을 조정할 수 있는 용기와 지혜가 필요합니다. 이를 통해 학생들은 자신의 경로를 재설정하고, 미래에 대비하는 데 있어 보다 탄탄한 준비를 할 수 있으며, 이를 위해서는 융합 능력이 필수적입니다.

독일에서는 융합 학문을 매우 중요하게 여깁니다. 독일의 교육 시스템은 학생들이 다양한 학문을 접하고, 이를 융합하여 새로운 아이디어와 혁신을 창출하도록 장려합니다. 예를 들어, 독일의 많은 대학에서는 공학과 경영학, 인문학과 기술학 등 서로 다른 분야의 지식을 결합하는 프로그램을 운영하고 있습니다.

융합 학문이란?

융합 학문은 서로 다른 학문 분야 간의 경계를 허물고, 이들을 결합하여 새로운 지식과 혁신을 창출하는 학문적 접근 방식을 말합니다. 이는 단순히 여러 학문을 병렬적으로 학습하는 것을 넘어, 각 학문이 가진 고유의 이론과 방법론을 융합하여 보다 포괄적이고 창의적인 문제 해결 능력을 키우는 것을 목표로 합니다.

예를 들어, 공학과 인문학, 경영학과 기술학 등 전통적으로 별개로 여겨졌던 학문들을 결합함으로써, 학문 간의 시너지를 극대화하고, 복잡한 현대 사회의 문제를 다각적으로 접근법을 기를 수 있습니다.

이러한 융합 학문은 학생들이 복잡한 문제를 다각도로 접근할 수 있게 하며, 실제로 독일의 많은 혁신적인 기업들이 이러한 학제 간 연구에서 비롯되었습니다. 특히, 독일의 과학 기술 연구소와 기업들은 협력하여 산업과 학문의 경계를 허물고 있으며, 이는 현대사회의 복잡한 문제를 해결하는 데 큰 도움이 됩니다. 이러한 접근법은 지속 가능한 발전, 환경 문제 해결, 새로운 기술 개발 등 다양한 분야에서 큰 성과를 내고 있습니다.

예를 들자면, 예술학부를 졸업한 학생이 경영학 석사 과정을 밟는 경우를 들 수 있습니다. 이 학생은 예술적 감각과 경영 능력을 결합하여 예술 경영 분야에서 활동할 수 있게 됩니다. 이는 단순히 예술 작품을 창작하는 데서 그치는 것이 아니라, 예술 분야의 관리와 운영을 체계적으로 이해하고, 더 나아가 예술 산업 전체를 발전시킬 수 있는 능력을 갖추게 되는 것입니다.

또한, 공학을 전공한 학생이 법학전문대학원에 진학하는 경우, 기술과 법률을 융합한 독특한 전문성을 갖출 수 있습니다. 이 학생은 기술 관련 법률 전문가로서 활동하며, 기술 발전과 관련된 법적 이슈를 다루는 데 중요한 역할을 하게 됩니다. 이처럼 융합 학문은 전통적인 학문 경계를 넘어서 새로운 영역을 개척하고, 그 분야에서 독창적인 기여를 할 기회를 제공합니다.

이러한 융합적 접근은 학생들이 기존의 학문적 틀에 갇히지 않고, 자신만의 독창적인 경로를 개척할 수 있는 가능성을 열어줍니다. 이를 통해, 그들은 복합적이고 다차원적인 문제를 해결하는 데 필요한 폭넓은 시각과 능력을 갖추게 됩니다.

초 · 중 · 고 12년 동안 진로 탐색을 통해 학생이 흥미와 재능을 발견하고, 그에 따라 진로를 설정하는 것이 진정한 교육의 목표가 되어야 합니다. 학생들이 자신의 꿈을 발견하고, 그것을 실현하기 위한 구체적인 계획을 세울 수 있도록 지원해야 합니다. 이는 교육 시스템의 효율성을 넘어, 학생들의 개인적 성장을 돕는 방향으로 나아가야 합니다.

현재 입시 위주의 교육에서 배우는 것들은 사실 AI(인공지능)로 쉽게 대체될 수 있는 능력들입니다. '*스펙'이라는 단어도 컴퓨터의 성능을 뜻하는 데서 유래했습니다. 왜 인간만이 할 수 있는 경험과 성장을 추구하지 않는 걸까요?

미래의 교육은 학생 개인이 자신만의 꿈과 목표를 발견하고, 이를 실현하기 위한 계획을 세울 수 있도록 지원하는 방향으로 나아가야 합니다. 이를 위해서는 학생들에게 다양한 경험을 제공하고, 그 과정에서 흥미와 재능을 발견할 수 있도록 도와야 합니다. 또한, 학생들이 주도적으로 학습하고, 목표를 향해 나아갈 수 있는

---

* 스펙 : 'specification(설명서, 사양)'의 약자로, 특정 목표나 직업을 위해 필요한 자격, 경력, 학력 등을 의미함. 특히 한국에서는 입사나 진학을 위해 갖추어야 할 요건을 지칭하는 말로 사용됨.

환경을 조성하는 것이 중요합니다.

　이러한 교육 시스템이 근본적으로 변화하려면 사회의 전반적인 분위기부터 바뀌어야 합니다. 학교들이 여전히 '인 서울 대학 진학률'을 자랑하며 학벌주의를 부추기는 관행에서 벗어나기 위해서는, 사회적으로도 대학 출신을 과도하게 강조하는 문화가 사라져야 합니다. 예를 들어, 개인 사업장에서 특정 대학 출신을 광고하는 관행은 더 이상 통용되지 않아야 합니다. 대학을 졸업한 지 수년, 또는 수십 년이 지난 졸업생이 그 대학과 여전히 연결고리를 유지하고 있을 가능성은 매우 낮으며, 그보다는 해당 인물이 현재 얼마나 전문성을 가지고 있는지가 더 중요하다고 할 수 있습니다.

　서구권(미국·유럽 등)에서는 사업체가 자신의 전문성을 홍보할 때 종종 경영진이나 주요 직원의 학력과 경력을 언급하기도 하지만, 출신 대학보다 해당 사업이나 서비스의 품질을 강조하는 것이 더 중요한 요소로 여겨집니다. 그러나 우리 사회는 여전히 학벌을 중요한 잣대로 삼아, 대학 이름에 집착하는 경향이 있습니다. 이러한 사회적 관행들은 교육의 본질을 왜곡시키고, 학생들이 자신의 개성과 잠재력을 탐색하기보다는 사회적 기대에 부응하기 위해 억지로 특정 대학에 진학하려는 삶을 선택하게 만듭니다. 이런 왜곡

된 가치관을 바로잡지 않으면, 교육 시스템의 근본적인 변화는 요원할 것입니다.

한국의 대표적인 교육 기업 메가스터디의 손주은 회장이 최근 현대 교육 시스템과 대학 진학의 중요성에 대해 새로운 시각을 제시했습니다. 대학교육이 과거 부모 세대와는 달리 더 이상 효율적이지 않음을 지적한 것입니다. 저성장 사회와 고령화가 진행되는 현재 상황에서, 교육 기업의 대표가 전통적인 대학 진학 경로가 모든 학생들에게 적합하지 않다는 언급은 의미심장합니다. 현대 사회의 변화로 인해 더 이상 대학 졸업장이 성공을 보장하지 않는 시대가 도래했습니다. 이에 따라 부모들은 자녀의 대학 진학보다는 창의성과 역량 개발에 더 많은 관심을 기울여야 한다고 강조했습니다. 이러한 발언은 학벌에 대한 지나친 집착에서 벗어나, 교육이 학생 개개인의 개성과 재능을 발휘할 수 있도록 돕는 방향으로 변화해야 한다는 중요한 메시지입니다.

사회 분위기의 변화는 교육 시스템의 근본적인 변화를 촉진하는 데 있어 필수적입니다. 그러나 학벌주의와 같은 사회적 관행이 계속해서 유지된다면, 교육이 단순히 대학 입시에 국한되는 한계를 벗어나지 못할 것입니다. 교육의 목적은 단지 좋은 대학에 진학하는 것이 아니라, 학생들이 자신의 흥미와 적성을 바탕으로, 앞으로 성인기의 인생을 설계할 수 있도록 돕는 것입니다. 그러나 현재의 사회적 분위기에서는 여전히 대학 진학률이 성공의 척도로 여겨지며, 이는 교육 시스템의 진정한 변화를 방해하고 있습니다. 사회가 대학 간판보다 개인의 능력과 성과를 더 중요하게 여길 때, 비로소 교육 시스템도 학생 중심의 교육으로 진정한 변화를 이룰 수 있을 것입니다.

나아가, 청소년들과 직접 만나는 교육자의 역할도 매우 중요합니다. 청소년을 공감 없이 단순히 가르쳐야 할 대상으로만 여기거나, 이벤트나 실적을 위한 수단으로 활용하는 관행에서 벗어나야 합니다. 교육자는 청소년을 한 사람의 독립된 인격체로 존중하고, 그들의 내면에서 일어나는 변화를 진지하게 받아들여야 합니다. 교육의 목적은 단순한 지식 전달이 아니라, 학생들이 자신을 발견하고 성장할 수 있는 환경을 제공하는 데 있습니다.

교육자와 청소년 사이에서 자연스럽게 형성되는 일상적인 관계는 청소년들이 스스로 의견을 내고 적극적으로 참여할 수 있게 만듭니다. 이는 그들이 자기 결정권을 갖게 되는 중요한 과정이며, 이 과정에서 학생들은 자신의 생각과 감정을 표현하는 법을 배우고, 스스로 더 나은 결정을 내릴 수 있는 능력을 키워나갑니다. 교육자는 이러한 과정을 지원하고 촉진하는 역할을 맡아야 합니다.

학생들이 단순히 지식을 습득하는 것에 그치지 않고, 자신의 꿈을 발견하고, 이를 지원할 수 있는 유연한 교육 환경이 필요합니다. 이러한 환경은 학생들은 자신의 흥미와 재능을 발견하고, 그 바탕 위에 자신만의 비전을 실현해 나갈 수 있는 힘을 길러줍니다. 극적으로, 교육자는 단순한 지식 전달자가 아니라, 학생들이 자기 자신을 이해하고 성장해 나가는 과정에서 함께하는 안내자이자 동반자가 되어야 합니다.

우리가 살아가는 시대는 개인의 개성과 가치를 중시하는 다품종 소량 시대입니다. 이러한 변화에 발맞추어 교육 시스템도 변화해야 합니다. 학생들이 자신의 꿈을 발견하고, 그것을 실현하기 위한 구체적인 계획을 세울 수 있도록 지원하는 교육 환경을 조성해야 합니다. 이런 교육 환경을 통해, 학생들이 자신의 흥미와 재능을 발견하고, 그 바탕 위에 자신의 꿈을 실현할 수 있도록 도와야 합니다. 더 이상 획일적인 교육이 아닌, 개개인의 잠재력을 극대화할 수 있는 맞춤형 교육이 필요합니다. 이를 통해, 학생들이 자신의 꿈을 실현할 수 있도록 도와야 합니다.

진정한 학습과 성장은 항구가 아니라, 미지의 바다에서 항해하는 과정에서 얻을 수 있습니다. 이제 우리는 학생들이 이러한 항해를 두려움 없이 시작할 수 있도록, 새로운 교육의 방향을 모색해야 할 때입니다. 그들의 꿈을 실현할 수 있는 환경을 조성하는 것은, 그들이 자신감 있게 세상에 나아가 성장하고 변화할 수 있는 기반을 마련하는 일입니다. 이는 단지 학생 개인의 발전에 그치지 않고, 미래 사회의 주체로서 그들이 활약할 수 있도록 길을 열어주는 중요한 역할입니다.

미지의 바다로
나아가는 배의 비전

유일하게 불가능한 여정은
당신이 시작하지 않는 여정이다.

– 토니 로빈스(미국의 작가 · 심리학자)

우리는 종종 인생을 항해에 비유하곤 합니다. 바다 위를 항해하는 배처럼, 우리도 미지의 세계로 나가며 새로운 경험과 도전을 마주합니다. 미지로 나아가는 배는 두려움과 설렘을 동시에 안고 있습니다. 그 이유는 무엇일까요?

배는 항구에 머물러 있을 때 가장 안전하지만, 본래의 존재 이유는 항해를 통해 목적지에 도달하는 것입니다. 항구에 머물러 있는 배는 단순히 정박한 물체일 뿐, 진정한 가치를 발휘하지 못합니다. 여러분의 진로도 마찬가지입니다. 단순히 학업이나 정해진 길을 따르는 것이 아니라, 자신만의 꿈과 목표를 향해 개척해 나가야 합니다.

꿈이란 무엇일까요?

꿈에는 두 가지 주요 의미가 있습니다. 첫째는 우리가 잠들었을 때 무의식 속에서 떠오르는 이미지와 상징들의 집합체인 자면서 꾸는 꿈입니다. 이 꿈은 우리의 감정, 경험, 억압된 생각들이 뒤섞여 나타나는 신비로운 세계를 보여줍니다. 심리학자들은 이 꿈을 통해 무의식적인 욕구와 불안을 탐구하며, 우리 내면의 감정을 이해하려고 합니다. 자면서 꾸는 꿈은 현실과는 동떨어져 보이지만, 우리의 심리 상태를 반영하고 때로는 창의적 영감의 원천이 되기도 합니다.

둘째는 희망을 담은 꿈입니다. 이 꿈은 우리의 미래를 향한 기대와 목표를 나타냅니다. 자면서 꾸는 꿈이 무의식의 반영이라면,

희망을 담은 꿈은 우리의 의식적인 바람과 결심을 나타냅니다. 이 꿈은 우리가 이루고자 하는 목표와 바라는 삶의 모습을 구체화하며, 우리를 더 나은 방향으로 이끌어 줍니다. 희망을 담은 꿈은 단순한 상상이 아니라, 현실에서 우리가 달성하고자 하는 비전을 포함합니다.

이 두 가지 꿈의 의미를 아우르는 개념이 바로 '비전'입니다. 비전은 단순한 꿈이 아니라, 그 꿈을 현실로 만들기 위해 구체적인 목적과 방향성을 부여한 것입니다. 비전은 우리 삶의 나침반 역할을 하며, 목표를 향한 여정에서 우리를 이끌어 줍니다. 비전은 단순한 희망에서 한 걸음 더 나아가, 구체적인 계획과 행동을 통해 실현 가능한 목표로 변모합니다. 비전을 세우는 것은 우리의 삶에 의미를 부여하고, 우리가 가야 할 길을 명확히 설정하는 과정입니다.

비전은 문학, 예술, 조직, 종교, 진로와 같은 다양한 분야에서 사용됩니다. 국어사전에서 **'비전'**은 "내다보이는 장래의 상황", "전망", "이상"으로 정의하고, 영어사전에서는 'vision'을 "시야", "환상"으로 설명합니다. 어원은 라틴어 'videre(to see)'에서 유래했으며, 이는 "내가 무엇을 보다, 내가 무엇을 깨닫다, 내가 바라보는 무엇을 이해한다."라는 의미로 확장됩니다.

즉, 비전은 남들이 쉽게 인식하지 못하는 가치를 발견하는 능력을 뜻합니다. 이 보물은 단순히 시각적으로 보이는 것이 아니라, 현재의 세상에서 상상하거나 회복하고자 하는, 또는 특정 영역을 지향하는 이상이나 목표를 말합니다. 비전은 훼손된 세상이나 개선이 필요한 영역을 원래의 모습으로 회복하려는 시도를 담고 있습니다.

예를 들자면, 법은 본래 약자와 소외된 이들을 보호하고 공정한 사회를 실현하기 위한 것이지만, 현실에서 법이 그 역할을 제대로 수행하지 못하는 경우도 있습니다. 이러한 상황을 목격하면서 법의 공정성을 바로 세우고 개선하는 것이 비전이 될 수 있습니다.

비슷하게, 환경 문제에 대한 비전도 있습니다. 예를 들어, 환경 보호 법규가 제대로 시행되지 않아 자연이 파괴되고 있는 상황을 보고, 환경을 보호하고 지속 가능한 발전을 위한 정책과 법적 장치를 강화하는 것이 비전이 될 수 있습니다.

사람마다 회복하고자 하는 영역이 다릅니다. 사람들은 각자의 경험과 가치관에 따라 세상을 바라보고, 각자 다른 부분에 주목합니다. 어떤 사람은 사회적 불평등에 민감하고, 또 어떤 사람은 환경 문제에 관심을 가집니다. 이와 같이, 비전은 개인의 내면 깊숙한 곳에서 출발하여, 세상의 어떤 부분을 변화시키고자 하는 욕구와 연결되어 있습니다.

비전을 품는다는 것은 누구도 가보지 않은 길로 모험을 떠나는 것과도 같습니다. 그 길이 험난하고 힘들어도, 우리는 그 비전이 이루어진 후의 모습을 상상하며 현재의 어려움을 견딜 수 있습니다. 그래서 비전을 품은 삶은 쉽게 무너지지 않습니다.

독립운동을 했던 분들도, 민주화 운동을 했던 분들도 그러했습니다. 그들은 뜻이 이루어진 미래를 그리면서 고통스러운 현실을 이겨냈을 것입니다. 그들에게 비전은 원동력이자, 결국에는 역사의 흐름을 바꾸어 내는 힘이 되었습니다. 비전은 그들의 삶을 지탱하는 강력한 힘이었고, 그들이 걸어온 길을 더욱 빛나게 만들어 주었습니다.

비전은 나다움의 표현이자, 기존에 세상에 있던 영역을 확장하는 것입니다. 비전은 단순히 머릿속에 그려진 꿈이 아니라, 행동으로 실현되는 과정이기도 합니다. 그래서 흔히 꿈을 명사가 아니라, 행동을 나타내는 동사로 표현해야 한다고 말합니다. 이는 비전이 구체적인 행동을 통해 현실로 만들어져야 함을 의미합니다.

내 삶의 비전, 내가 일하는 조직의 비전, 그 비전이 내 삶과 연동되어 움직일 때 살아 움직임을 느끼게 됩니다. 여러분이 맞이할 미래는 끝없이 펼쳐진 바다와 같습니다. 어떤 날은 맑고 고요한 바다를 만날 것이고, 또 어떤 날은 거센 폭풍우를 겪을지도 모릅니다. 그러다 지쳐서 잠시 표류할 수도 있죠. 중요한 것은 어떤 상황에서도 항해를 멈추지 않고 나아가는 용기입니다.

인생은 정해진 항로를 따라가는 것이 아니라, 자신만의 길을 개척해 나가는 것입니다. 항구에 머물러 있는 배는 안전하지만, 그 본래의 가치를 발휘하지 못합니다. 여러분의 진로도 마찬가지입니다. 정해진 길을 따르는 것이 아니라, 자신만의 꿈과 목표를 향해 나아가는 것이 진정한 가치입니다.

항해는 단순히 목적지에 도달하는 것만이 아니라, 그 과정에서 많은 것을 배우고 성장하는 데 있습니다. 바다의 파도가 아무리 거세더라도, 선장은 결코 항해를 멈추지 않습니다. 여러분도 마찬가지입니다. 인생에서 맞닥뜨릴 여러 가지 도전과 시련 앞에서 포기하지 말고, 용기를 내어 나아가야 합니다. 여러분의 꿈과 목표를 향한 항해는 결코 쉬운 일이 아니지만, 그 과정에서 얻는 경험과 성장은 귀중한 자산이 될 것입니다.

미지로 나아가는 배의 존재 이유는 단순히 목적지에 도달하는 것만이 아닙니다. 항해하는 과정에서 새로운 것을 배우고 성장하며, 스스로의 가치를 발견하는 데 있습니다. 두려움이 여러분의 걸음을 막지 않도록, 용기를 내어 미지의 바다로 나아가세요. 미지의 바다는 아직 발견되지 않은 보물이 기다리고 있는 기회의 바다입니다.

작은 바람이
큰 배를 움직인다

‘동기부여’는 당신을 시작하게 하는 것,

‘습관’은 당신을 계속 나아가도록 하는 것

— 짐 론(미국의 강연가 · 자기계발 전문가)

블레즈 파스칼은 "습관은 제1의 천성, 천성을 파괴하는 제2의 천성"이라고 했습니다. 즉, 습관이 천성을 이긴다는 말입니다. 이 말은 우리의 본성을 바꾸는 강력한 힘이 습관에 있다는 것을 의미합니다.

자신이 가지고 태어난 모습보다 중요한 것은 어떤 모습으로 살아가고 싶은가에 대한 선택과 습관입니다. 작고 일관된 행동이 복리의 힘을 발휘하여, 마침내 큰 변화를 이끌어 냅니다.

*복리란 마치 나비의 날갯짓과도 같습니다. 미미한 바람이 시간이 흐르면서 점차 커져, 마침내 태풍을 일으키는 힘이 되는 것입니다. 즉, 작은 노력들이 시간이 지나면서 큰 영향을 미치는 것이죠. 이 원리는 사소한 일상의 습관에서부터 적용됩니다. 반복적으로 행하는 습관이 자신을 형성합니다.

우리는 종종 당장 반짝이는 성과를 얻고 싶어 하지만, 그 힘은 오래가지 못합니다. 진정으로 의미 있는 성과는 단기간에 이루어지지 않으며, '조금씩, 자주, 그리고 꾸준히'라는 원칙을 가지고, 지속적이고 작은 행동들을 통해 점차 목표에 도달하는 것이 중요합니다. 이 원칙은 많은 사례에서 그 중요성을 입증해 왔습니다.

예를 들어, 피아노를 치고 싶다고 가정해 봅시다. 만약 매일 2시간씩 1년 동안 꾸준히 연습한다면, 웬만한 곡은 능숙하게 연주할

---

* 복리(compound interest) : 이자가 원금에 합산되어 다시 이자를 계산하는 방식. 예를 들어, 100만 원을 연이율 5%로 저축하면 첫해에는 5만 원의 이자가 발생하여 105만 원이 되고, 두 번째 해에는 이 105만 원에 다시 5%의 이자가 붙어 5만 2,500원이 됨. 이자가 원금에 더해지면서 계속 증가하는 원리를 말함.

수 있을 것입니다. 반면, 하루에 8시간씩 3개월 동안 몰아서 연습한 사람과 비교해 보면, 누가 더 잘 연주할까요? 답은 명확합니다. 매일 꾸준히 연습한 사람이 더 깊이 있는 실력을 쌓게 됩니다. 이는 반복을 통해 얻어진 작은 습관들이 쌓여서 큰 차이를 만들어 내기 때문입니다.

힘은 단순함에서 나옵니다. 반대로 복잡한 일들이 우리를 더욱 지치게 할 수 있다는 뜻입니다. 예를 들어, 잘 관리되고 있는 공장은 조용하고, 잘 운영되는 조직은 단조롭습니다. 뛰어난 사람의 일상도 마찬가지입니다. 그들은 마치 시계추처럼 규칙적이고 단순하게 생활합니다. 이러한 단순함은 오히려 더 큰 성과를 만들어 내는 비결입니다.

예를 들어, 매일 10분씩 스트레칭을 한다면 몸의 유연성이 크게 향상될 것입니다. 하루 15분씩 명상을 하면 마음의 평온을 유지할 수 있습니다. 만약, 하루에 20분씩 독서하는 습관을 들이면, 시간이 지나면서 책 한 권을 완독하게 되고 지식도 쌓일 것입니다. 이처럼 단순하지만 꾸준한 습관이 우리를 긍정적으로 변화시키게 만듭니다. 복잡한 계획 대신, 꾸준히 실천할 수 있는 습관을 만들어 보세요. 매일 우리를 더 나은 사람으로 만들어 줄 것입니다.

그렇다면 어떻게 이러한 변화를 이룰 수 있을까요? 변화는 작은 노력들이 쌓여 이루어집니다. 하지만, 그 과정은 눈에 잘 보이지 않을 때가 많습니다. 과정 중의 변화를 확인하려는 것은 밥을 짓는 동안 뚜껑을 여는 것과 같습니다. 때로는 이 때문에 눈에 띄는 변화를 확인하지 못해 포기하기 쉽습니다. 하지만 성장 과정은 눈에 보이지 않더라도, 결과로 나타납니다. 작은 바람이 모여 큰 배를 움직이는 힘을 갖게 되는 것처럼, 작은 습관들이 모여 큰 변화를 만들어 낼 것입니다.

역사적으로나 현대적으로나 작은 습관이 큰 변화를 만든 사례는 무수히 많습니다. 예를 들어, 역대 가장 다작한 작가 스티븐 킹은 매일 2,000개의 단어를 쓰는 습관을 통해 수많은 베스트셀러를 탄생시켰습니다. 그의 꾸준한 글쓰기 습관은 결국 문학계의 거장으로 자리 잡게 했습니다.

또한, 운동선수들은 매일의 훈련과 규칙적인 생활 습관을 통해 최고의 성과를 이루어 냅니다. 올림픽 메달리스트나 프로 선수들의 성공은 하루아침에 이루어지는 것이 아니죠. 그들의 일상이 쌓여 성취로 나타난 것입니다. 이러한 예시는 작은 습관이 얼마나 큰 변화를 이끌어 낼 수 있는지를 잘 보여줍니다.

여러분도 작은 성과를 하나씩 쌓아가는 경험을 통해, 꿈과 목표를 향해 나아가는 동력을 얻기를 바랍니다. 변화는 크고 극적인 것에서 시작되는 것이 아닙니다. 오히려 작지만 꾸준히 지속되는 일관된 행동에서 비롯됩니다. 매일 조금씩 나아가는 꾸준한 노력은 결국 거대한 변화를 만들어 낼 것입니다. 이 원칙은 여러분의 삶 전반에도 그대로 적용될 수 있습니다.

물 한 방울이 바위를 뚫을 수 있듯이, 작은 행동들이 모여 강력한 힘을 만들어 냅니다. 매일 조금씩 쌓아가는 작은 습관들은 여러분의 인생에서 큰 성취를 이루는 기초가 될 것입니다. 뻔한 말처럼 들릴 수 있지만, 오늘 실천하는 작은 습관이 내일의 위대한 성공을 이끌어 낼 것입니다. 그 작은 행동들이 여러분의 꿈을 현실로 만드는 밑거름이 될 것입니다.

작은 바람이 큰 배를 움직이듯이, 여러분의 작은 노력이 인생의 거대한 항로를 바꿀 수 있습니다. 지금 이 순간부터 작은 습관 하나를 실천해 보세요. 그것이 아무리 작게 느껴지더라도, 그 힘이 쌓여 어느 날 여러분을 깜짝 놀라게 한 변화를 가져올 것입니다. 중요한 것은 시작하는 것이며, 그 시작이 여러분의 미래를 바꿀 수 있다는 믿음입니다.

청소년 여러분, 여러분의 꿈은 단지 먼 미래의 일이 아닙니다. 매일의 작은 선택과 행동이 바로 그 꿈을 향한 걸음입니다. 지금부터 시작하세요. 여러분의 내일은 여러분의 손에 달려 있습니다. 그 작은 손길이 세상을 바꾸고, 여러분 자신을 더욱 강하고, 빛나는 존재로 만들어줄 것입니다. 그 힘을 믿고, 오늘부터 작은 습관을 만들어 나아가길 바랍니다.

스펙보다
스토리 있는 '모험생'

비전을 가진 자는 모험한다.

– 강준민(한국 출생의 선교 목사 · 작가)

"비전을 가진 자는 모험을 한다." 이 한마디는 우리가 왜 모험생이 되어야 하는지를 잘 설명해 줍니다. 모험이란 단순히 위험을 감수하는 것이 아닙니다. 새로운 도전을 받아들이고, 그 과정에서 자신을 발견하며 성장하는 것입니다. 모험을 통해 우리는 세상을 넓게 보고, 새로운 가능성을 발견할 수 있습니다. 모험생이란 틀에 갇히지 않고, 자신만의 길을 개척하는 사람들입니다.

아무리 좋은 학군에 속해 있더라도, 또는 금수저를 물고 태어났더라도, 스스로 생각이 열리지 않고 동기부여가 없다면 결국 스스로 밥을 먹지 않습니다.

배고픈 사람만이 수저가 없어도 밥을 먹는 법이죠. 진정한 성장은 외부 환경이 아니라, 내면의 갈증과 열망에서 비롯됩니다. 아무리 좋은 조건이 주어지더라도, 그 조건을 활용하고 스스로의 동력을 찾지 못한다면, 결국 제자리에 머물게 됩니다.

반면, 배고픈 사람은 어떨까요? 비록 수저가 없을지라도, 배고픔을 채우기 위해 어떠한 방법이라도 찾아내고, 스스로를 움직입니다. 이처럼 진정한 동기부여는 외부가 아니라 내면에서 시작됩니다. 내면의 갈증을 느낄 때, 우리는 비로소 움직이고 행동하며 성장하게 됩니다.

스스로를 향한 갈증과 열망을 발견하세요.

어떤 환경에서도 자신의 길을 찾아 나아가는 힘은 바로 여러분 안에 있습니다. 배고픔을 느끼는 사람만이, 진정으로 원하는 것을 쟁취할 수 있습니다. 지금 여러분이 처한 상황이 어떤 것이든, 스스로에게 물어보세요. "나는 무엇을 원하고, 그것을 위해 무엇을 할 준비가 되어 있는가?" 그 질문에 대한 답이 여러분의 인생을 바꿀 것입니다.

자신을 틀에 규정짓지 않는 한, 생애의 각 시기에 따라 다양한 분야의 전문가가 되는 경험을 하며, 자신만의 지도를 그려나가는 항해자가 될 수 있습니다.

우리 각자는 저마다 다른 환경에서 자라왔고, 재능 또한 다릅니다. 이로 인해 남보다 조금 뒤처졌다고 느낄 때 열등감을 가질 필요는 없습니다. 모든 사람의 항로는 다르며, 각자의 속도와 방향이 있습니다.

중요한 것은 자신을 한정된 틀에 가두지 않는 것입니다. 세상에는 무한한 가능성이 있으며, 그 가능성은 우리가 스스로를 어떻게 바라보고, 어떻게 행동하느냐에 따라 열리게 됩니다. 우리는 각자 자신만의 길을 걸어가는 항해자입니다. 어느 한 순간에 뒤처진다고 해서 그 항해가 실패한 것은 아닙니다. 오히려 그것은 더 넓은 바다를 향해 나아가는 준비 단계일 수 있습니다.

자신만의 속도로, 자신만의 길을 그려 나아가세요. 그 과정에서 다양한 분야를 탐구하고, 경험을 쌓으며, 새로운 전문가가 되어갈 수 있습니다. 열등감에 사로잡히지 않고, 자신의 길을 믿고 꾸준히 나아간다면, 여러분은 어느새 자신만의 지도를 완성해 나가는 멋진 항해자가 되어 있을 것입니다.

중요한 것은 단지 좋은 성적이나 학벌을 의미하는 스펙이 아닙니다. 진정한 가치는 도전을 통해 만들어지는 스토리에 있습니다. 학교 시험에서 매번 좋은 시험 성적을 받는 모범생만이 인재가 아니라, 학교를 마친 후 자신만의 프로젝트를 시작하며, 모험을 나서는 모험생도 훌륭한 인재입니다.

모범생만을 독려하게 된다면, 경쟁에서 우위를 차지하지 못하는 학생들은 배제되는 문제가 발생할 수 있습니다. 이는 다양한 재능과 잠재력을 가진 학생들이 자신의 가치를 인정받지 못하고, 자신감을 잃게 되는 결과를 초래할 수 있습니다.

시험이라는 것은 단순히 한 가지 영역의 재능일 뿐입니다. 흔히 하는 비유로, 갈퀴가 있는 오리에게 달리기를 시키는 것과 같습니다. 오리가 뛰어난 수영 실력을 갖추고 있어도, 달리기에서 빠르지 않다고 해서 결코 열등하다고 할 수는 없습니다. 각자의 재능과 능력은 다르며, 그들이 발휘할 수 있는 분야 또한 다양합니다.

이들은 단지 정해진 틀 안에서 공부하는 것을 넘어, 자신의 열정과 창의력을 발휘하여 세상에 독창적인 가치를 더합니다. 그 과정에서 만들어지는 스토리는 단순한 성적표 이상의 의미를 가지며, 이들이 사회에서 진정한 의미의 1등이 될 수 있는 이유입니다.

여러분의 가치도 마찬가지입니다. 학교에서의 성적이, 그리고 학교가, 일부 타인의 평가가 모든 것을 결정하는 것이 아니라, 여러분이 어떤 경험을 하고, 어떤 도전을 통해 자신만의 이야기를 만들어 가는지가 중요합니다. 세상은 다양한 가치를 가진 사람들을 필요로 하며, 여러분의 독창적인 스토리가 바로 그 가치를 만들어 낼 것입니다.

열등감은 열등생이 만드는 착각입니다. 왜냐하면, 열등감은 자신을 의심하는 것에서 비롯되기 때문입니다. 이 감정은 우리의 가능성을 제한하고, 발전의 기회를 놓치게 합니다. 스스로에 대한 의심은 한 발자국도 나아가지 못하게 하는 족쇄가 될 수 있습니다. 중요한 것은 남과의 비교가 아니라, 스스로의 성장과 발전에 초점을 맞추는 것입니다.

남과의 경쟁에서 벗어나, 자신의 목표를 향해 나아가는 것이야말로 진정한 의미의 성취입니다. 우리는 각자 다른 재능과 목표를 가지고 있으며, 그에 따라 다른 속도로 성장합니다. 자신만의 길을 걸으며, 작은 성취를 하나씩 쌓아가는 과정에서 진정한 성장이 이루어집니다. 남과의 비교가 아닌, 자신의 성장을 바라보며 자신만의 길을 개척해 나가는 것이 진정한 성공의 의미입니다. 여러분이 걸어가는 그 길이, 곧 여러분만의 이야기가 될 것입니다.

모험생은 틀에 갇히지 않고, 새로운 도전을 통해 끊임없이 성장하는 사람들입니다. 이들은 실패를 두려워하지 않고, 오히려 실패를 통해 배우며 나아갑니다. 실패는 그들에게 단순히 넘어야 할 장애물이 아니라, 중요한 학습 기회로 여겨집니다. 모험생은 다양한 경험을 통해 자신만의 길을 개척하며, 이 과정에서 창의적이고 혁신적인 사고를 키웁니다. 이러한 사고방식은 복잡하고 빠르게 변화하는 현대사회에서 필수적인 능력으로 평가받고 있습니다.

자신을 틀에 규정짓지 않고, 다양한 분야에서 경험을 쌓는 것은 매우 중요합니다. 단순히 안정적인 경로를 따르는 것보다, 모험과 도전을 통해 새로운 기회를 창출하고, 그 속에서 자신의 진정한 가능성을 발휘하는 것이야말로 진정한 성공으로 이어질 수 있습니다. 모험생은 끊임없는 도전을 통해 자신의 꿈을 현실로 만들며,

세상을 변화시키는 주체로 성장합니다.

이는 자신의 관심사와 재능을 발견하는 데 큰 도움이 됩니다. 예를 들어, 예술, 과학, 스포츠 등 다양한 분야에서 경험을 쌓으며, 자신만의 강점을 찾아가는 과정은 의미 있습니다. 다양한 분야에서 쌓은 경험은 단순히 한 가지 분야에 집중하는 것보다, 자기 자신을 더 깊이 이해하고, 폭넓은 시야를 갖는 밑거름이 됩니다.

더 나은 내일을 위해 무엇보다 중요한 일은 오늘을 잘 살아내는 것입니다. 미래의 성공을 위해서는 오늘 내가 어떤 사람인지, 어떤 목표를 향해 나아가고 있는지, 인식하며 항해해야 합니다. 오늘을 제대로 살지 않고, 내일의 성공을 기대할 수는 없습니다. 현재에 충실하고 최선을 다하는 것이야말로 진정한 성취로 이어지기 때문입니다.

세상을 변화시킨 많은 위대한 인물들은 모험생이었습니다. 예를 들어, 스티브 잡스는 전통적인 교육을 뛰어넘어 자신만의 길을 개척하며 애플을 창업했습니다. 잡스는 리드 칼리지에서 중퇴한 후에도 독특한 교육 철학을 바탕으로 다양한 분야에 관심을 가지며 배움을 이어갔습니다. 그는 인도 여행에서 영감을 받았고, 서체 디자인 수업을 통해 컴퓨터의 글꼴을 혁신적으로 바꾸는 등 창의적인 발상을 실현했습니다. 그의 도전 정신은 애플의 제품에 혁신을 불러일으켰고, 결국에는 전 세계 기술 산업에 큰 변화를 가져왔습니다.

또 다른 인물로 일론 머스크는 여러 차례 실패를 겪었지만, 그 경험을 발판으로 테슬라와 스페이스X를 세계적인 기업으로 성장시켰습니다. 일론 머스크는 페이팔 매각 후 테슬라를 설립했을 때, 전기차 산업의 불확실성과 많은 반대에 직면했습니다. 초기 모델 생산 과정에서 여러 차례 제품 결함과 생산 지연을 겪었으며, 그로 인해 재정적 어려움을 직면했지만, 그는 포기하지 않고 지속적인 혁신과 개선을 통해 테슬라를 세계적인 전기차 회사로 만들었습니다. 스페이스X에서도 초기 로켓 발사 실패를 딛고, 민간 우주 탐사 시대를 열며 새로운 가능성을 보여주었습니다.

이러한 사례들은 모험생의 가치와 중요성을 잘 보여줍니다. 이들은 틀에 갇히지 않고, 새로운 도전에 과감히 나서면서 끊임없이 성장해 왔습니다. 그 결과, 단순히 학업이나 사회적 성공에 그치지 않고, 세상을 변화시키는 위대한 성과를 이루어 냈습니다.

세상은 도전하고, 배우고, 성장하는 사람들을 필요로 합니다. 새로운 경험을 두려워하지 말고, 실패를 기회로 삼으세요. 그 속에서 여러분의 진정한 가능성을 발견하게 될 것입니다. 모험생이 되어, 여러분만의 고유한 길을 개척하세요. 그 길이야말로 진정한 성취와 자유를 가져다주는 보물이 될 것입니다.

• 항구를 마무리하며 •
스스로에게 던지는 질문

Q. 내가 열정을 느끼는 일은 무엇인가요?

Q. 내가 동경하는 비전이 있나요?

Q. 나의 재능이나 관심을 활용해 새로운 도전을 해보려면 어떤 일이 있을까요?

"이제 우리는 교육 시스템의 한계를 이해하고, 비전을 세우는 것이 얼마나 중요한지 알게 되었습니다. 다음 장에서는 이러한 비전을 실제로 어떻게 실행에 옮길 수 있는지, 좋아하는 일과 잘하는 일을 조화롭게 병행하는 방법에 대해 알아보겠습니다. 여러분의 비전이 항구를 떠나 바다로 나아가는 첫걸음을 시작할 준비가 되셨나요?"

제2장 승선

배는 항구에 있을 때 안전하지만
그것이 배의 존재 이유는 아니다.

- 존 A. 쉐드(미국의 교육학자)

이 장에서는 좋아하는 일과 잘하는 일을 조화롭게
병행하는 방법에 대해 다루고 있습니다.
넘버원(NO. 1)과 온리원(ONLY. 1) 사이에서
자신만의 독특한 길을 찾는 방법을 제시합니다.
또한, *스페셜리스트와 **제너럴리스트의 장단점을 비교하여,
다양한 경험을 쌓고 자신만의 길을 개척하는 것의
중요성을 강조합니다.

---

*   스페셜리스트 : 특정 분야에 깊이 있는 지식을 가진 전문가.

**   제너럴리스트 : 여러 분야에 대한 지식과 경험을 가진 다재다능한 사람.

좋아하는 일
VS 잘하는 일

중요한 것 한 가지는 하고 싶지 않은 일을 하면서도
실패할 수 있다는 것입니다.
그러니, 사랑하는 일을 찾아서 도전하세요.

— 짐 캐리(캐나다 출생의 미국 배우 겸 코미디언)

여러분은 좋아하는 일을 하고 있나요? 이 질문에 '그렇다'라고
대답할 사람은 많지 않을 것입니다. 하지만 좋아하는 일을 해야
만 성공한 걸까요? 혹은 좋아하는 일이 뭔지 아직 잘 모를 수도 있
습니다. 우리는 좋아하는 일을 가치 있다고 생각합니다. 좋아하는
일을 하지 않는다고 무대가 아닌 객석에서 박수만 쳐야 할까요?

누구든 무대 위에 서는 주인공이 될 수 있습니다. 그러기 위해서는 나 자신을 위한 무대를 만들어야 합니다.

좋아하는 일을 찾았나요?

좋아하는 일을 할 때, 우리는 열정적으로 몰입할 수 있습니다. 좋아하는 일을 통해 꿈을 이루고 목표를 달성하는 것은 인생에서 가장 큰 의미이자 기쁨일 것입니다. 좋아하는 일은 우리에게 동기를 부여하고, 일에 대해 만족할 수 있게 합니다. 하지만 아무리 좋아하는 일이더라도, 생계가 직결되어 돈을 벌어야만 하는 일은 스트레스가 되기도 합니다. 좋아하는 일이 항상 즐거울 수만은 없는 것입니다.

좋아하는 일에서 전문가가 될 수 있다면 노동을 즐겁게 여길 수 있을 것입니다. 좋아하는 일에는 열정을 가지고 많은 시간과 노력을 투자하게 되고, 잘하게 됩니다. 좋아하는 일을 잘하려면 좋아하지 않는 일을 열 배 이상 할 각오를 해야 합니다. 이런 선택이 쉬운 것은 아닙니다. 좋아하는 일에 전문가가 되고 싶고 돈을 많이 벌고 싶고, 두 마리 토끼를 잡는 게 어려우니 쉽게 돈을 많이 버는 쪽으로 기우는 경우가 많습니다.

그렇다면 내가 잘하는
일은 무엇인가요?

잘하는 일을 할 때는 자신감이 생기고 성과가 빠르게 나타납니다. 나의 경력을 잘하는 일에서 시작한다면 사회적으로 인정받기 쉽고 보상이 빠르게 따라올 가능성이 큽니다. 잘하는 일을 통해 얻는 성취감은 동기를 부여해 주고, 이런 과정을 통해 능력을 더 발전시킬 수 있습니다. 잘하는 일을 더 잘하게 되는 선순환이 일어나는 것입니다. 하지만 잘하는 일과 좋아하는 일이 다르다면 일에 대한 만족도가 떨어질 수도 있을 것입니다.

<꿈을 실현하는 공식>
꿈 = 좋아하는 일 + 잘하는 분야

좋아하는 일을 잘할 수 있다면 가장 바람직하겠지요? 꿈을 실현하는 공식은 자신이 좋아하는 일에 새로운 영역을 추가하는 것입니다. 좋아하는 일을 잘하고 싶다면 좋아하는 일에 잘하는 일을 더 해보세요.

"좋아하는 것이 음악이고, 잘하는 것이 회계라면 JYP 회계팀에

들어오세요." JYP 박진영 대표의 말입니다. 음악이라는 예술적 열정과 회계라는 실질적 기술을 결합하여, 음악 산업 내에서 두 가지 전혀 다른 영역의 시너지를 통해서 독특하고 매력적인 경력을 만들 수 있습니다.

또한, 이렇게 결합된 능력은 단순히 직업적인 성공을 넘어, 개인의 행복과 일에서의 성공을 동시에 이룰 수 있는 방법이 됩니다. 여러분이 진정으로 좋아하는 일을 하면서도 그 일을 잘할 수 있다는 것은, 궁극적으로 인생의 큰 만족을 가져다줄 것입니다. 왜냐하면 우리는 자신이 좋아하는 일을 통해 삶의 의미를 찾고, 잘 수행해 냄으로써 자아실현과 경제적 안정성을 동시에 달성할 수 있기 때문입니다.

좋아하는 일과 잘하는 일을 결합할 때 시너지 효과를 낼 수 있습니다. 교육과 봉사처럼, 한 분야에서 배운 내용을 다른 분야에서 실천하며 남과 다른 나만의 정체성을 만들어 낼 수 있습니다. 하나의 직업은 다른 직업과 연결될 수 있으며, 학문도 마찬가지입니다. 모든 학문은 다른 학문의 보조 역할을 할 수 있으며, 내가 좋아하는 학문과 잘하는 학문을 결합해 새로운 길을 개척할 수 있습니다.

저 역시 이러한 과정을 통해 자신의 길을 찾았습니다. 저는 댄서가 되어 댄스팀에 입단하는 꿈을 꾸었습니다. 고등학교 시절, 학원에서 댄스를 배우며 예술대학 입시를 준비했지만, 고3이 되면서 진로에 대한 막연함과 경제적인 불확실성으로 인해 그 꿈을 포기하게 되었습니다. 대신 대학에서 사회복지학을 공부하며 청소년지도사를 준비하며, 비록 댄서를 포기했지만 춤에 대한 열정은 제 안에 여전히 남아 있었습니다. 그래서 대학에서 댄스팀을 만들어 활동했고, 청소년지도사가 된 지금도 춤에 대한 열정을 이어가며, 이를 통해 청소년들에게 영감을 주고 있습니다.

결론적으로, 경험을 통해 깨달은 한 가지는, 좋아하는 일과 잘하는 일을 결합하여 새로운 길을 찾는 과정이 쉽지 않더라도, 그 과정에서 얻는 보람이 매우 크다는 것입니다. 좋아하는 일이 항상 우리가 잘하는 일과 일치하지 않을 수 있습니다. 하지만 중요한 것은, 두 가지를 결합하여 자신만의 독창적인 경력을 만들어 가는 것입니다.

이제는 여러분이 진정으로 원하는 삶을 위해 무엇을 잘하고, 무엇을 좋아하는지 찾기만 하면 됩니다. 좋아하는 일과 잘하는 일을 결합하여 새로운 길을 찾는 과정은 도전적일 수 있지만, 그만큼 보람도 큽니다. 자기 확신과 긍정적인 마인드셋을 유지하며, 체계적인 계획과 실천을 통해 목표를 향해 나아가길 바랍니다. 좋아하는 일과 잘하는 일 사이의 균형을 찾아, 진정한 행복과 성취를 느낄 수 있는 선택을 하기를 바랍니다.

넘버원(NO. 1)과
온리원(ONLY. 1)

만약 제가 고3 때 다른 선택을 했다면 어땠을까요? 다음과 같은 길을 갔겠지요?

실용무용 전공 → 전문예술 댄스팀 입단 → 전문 댄서

그러나, 처음의 꿈을 포기하고 차선의 선택을 통해서 다음과 같은 길을 가게 되었습니다.

사회복지학, 법학 전공 → 생활예술 댄스팀 창선
→ 청소년지도사 → 청소년 비전 디렉터

이 두 가지의 길은 각각 비슷한 본질을 유지하면서도 전혀 다른 궤적으로 저를 이끌었습니다. 이 두 가지 길은 성공과 실패로 평가할 수 없는, 단지 다른 경로일 뿐입니다. 하나의 정체성으로 남과 경쟁해서 넘버원이 되느냐, 남과 다른 정체성을 갖는 온리원이 되느냐의 차이가 있을 뿐입니다.

넘버원이 되는 것은 경쟁에서 최고가 되는 것을 의미합니다.

넘버원이 되려면 뛰어난 실력과 노력, 헌신이 필요합니다. 많은 사람들 중에서 최고가 되기 위해서는 끊임없는 도전과 자기계발을 필요로 합니다. 넘버원이 되기 위한 여정은 쉽지 않으며, 큰 스트레스와 부담을 동반할 수 있습니다.

여러분은 끊임없이 남과 비교되고, 그 속에서 살아남기 위해 더 높은 목표를 설정하고, 많은 노력과 희생을 기울여야 합니다. 그러나 넘버원이 된다는 것은 그만큼의 보상과 성취감을 제공하며, 사회적 인정을 받을 수 있는 기회를 가져다줍니다. 최고의 자리에서 느끼는 성취는 많은 이들의 부러움과 존경을 받을 수 있습니다.

온리원이 되는 것은 자신만의 독특한 정체성을 확립하고, 남들과 차별화된 길을 가는 것을 의미합니다. 이 길은 남과 경쟁하는 대신, 자신만의 고유한 능력과 열정을 발견하고 그것을 발전시키는 데 초점을 맞춥니다. 온리원이 되는 길은 남들과의 비교에서 벗어나, 자신의 성장과 발전에 중점을 두는 것입니다.

남들이 가지 않은 길을 개척하며, 자신만의 독특한 발자취를 남기는 것입니다. 온리원은 자신만의 정체성을 바탕으로 독창적인 일을 추구하고, 그 속에서 만족감을 찾습니다. 이러한 길은 외부의 인정보다는 내면의 성장을 중시하며, 보다 깊이 있는 자기 이해와 만족을 이끌어 냅니다. 온리원이 된다는 것은, 자신이 세운 기준에 따라 자신만의 길을 걸어가는 것입니다. 이 과정에서 얻는 만족감은 남다르며, 다른 이들과는 차별화된 자신만의 세계를 구축하게 됩니다.

나만의 길을 찾는 것이 중요합니다. 원하는 일을 추구하면서 현실적인 상황을 고려하여 조화롭게 결합하는 지혜가 필요합니다. 예를 들어, 음악을 좋아하지만 경제적인 이유로 음악가가 되기 어렵다면, 음악과 관련된 다른 직업을 찾는 것도 하나의 길이 될 수 있습니다. 음악 교육, 음악 관련 비즈니스 등 다양한 가능성을 탐색하며, 새로운 길을 모색할 수 있습니다. 이러한 방법은 현실을 반영하면서도 자신의 꿈을 포기하지 않고, 유지하는 데 도움이 될 것입니다.

중요한 것은 자신의 열정과 능력을 결합하여, 나만의 독특한 길을 만들어 가는 것입니다. 남들과의 비교를 멈추고 나만의 목표를 설정하며, 나아가는 과정에서 우리는 만족을 느끼고 성장하게 됩니다. 삶의 목표를 설정할 때, 우리는 종종 금전적 성공에 초점을 맞추고는 합니다. 하지만 금전적 성공을 좇다 보면, 삶의 본질적인 의미를 놓칠 수 있습니다. 삶에서 중요한 것은 우리가 얼마만큼의 돈이 있느냐가 아니라, 얼마나 의미 있는 삶을 살았는지, 그 과정에서 얼마나 성장하고 타인에게 사랑을 나누었는지입니다. 금전적인 성공도 중요하지만 그것이 유일한 목표가 되어서는 안 됩니다.

　한 가지 참고할 만한 교훈은 돈은 소모되지만 능력은 축적된다는 것입니다. 돈은 일시적으로 우리에게 편안함을 제공할 수 있지만, 시간이 지나면 사라지기 마련입니다. 반면에 능력은 시간이 흐를수록 더욱 쌓이고 발전하며, 우리의 가치를 지속적으로 높여 줍니다.

　따라서, 퇴직이 없는 전문가가 되는 것이 목표여야 합니다. 이는 단순히 한 분야의 전문성을 갖추는 것뿐만 아니라, 끊임없이 배우고 성장하는 자세를 유지해야 함을 의미합니다. 여러분이 배워온 지식과 경험은 누군가 훔칠 수도 없으며, 아무런 이유 없이 사라지지도 않습니다. 지식과 경험이 여러분을 지탱해 줄 자산이 될 것입니다.

"원하는 일을, 가고 싶었던 대학에 가지 못했다고 해서 낙담하지 마세요. 원하는 일과 할 수 있는 일을 섞어서 꿈을 만드세요. 나만의 길이 됩니다."

원하는 대학에 가지 못하거나, 원하는 직업을 갖지 못했다고 해서 낙담할 필요는 없습니다. 후회 없는 삶을 사는 가장 좋은 방법은 더 나은 미래를 위해 노력하는 것입니다. 지금의 낙담도 언젠가 여러분의 역전 스토리가 될 것입니다.

삶은 긴 여정이며, 그 과정에서 많은 기회와 가능성이 여러분을 기다리고 있습니다. 좋아하는 일과 잘하는 일을 결합하여 새로운 가능성을 찾아나가세요. 중요한 것은 타인의 시선을 의식하지 않고, 자신의 이야기와 열정을 써 내려가는 것입니다. 그 이야기는 여러분만이 쓸 수 있는 특별한 것이며, 세상을 바꿀 힘을 가지고 있습니다.

스페셜리스트와 제너럴리스트

"한 우물을 파라."는 속담이 있습니다. 이는 한 가지 일을 꾸준히 하여 전문가가 되라는 뜻입니다. 과거에는 특정 분야에서 깊은 지식을 지닌 스페셜리스트가 인정받았습니다. 스페셜리스트는 한 가지 분야에 집중하여 그 분야에서 최고가 되기 위해 노력합니다. 이는 깊이 있는 지식을 통해 문제를 해결하고, 전문성을 발휘하는 데 매우 유리합니다.

그러나 4차 산업혁명이 다가온 지금 시대는 다릅니다. 한 우물을 파는 방식이 더 이상 최선이 아닐 수 있습니다. 한 가지 일에만 집중하다 보면 그 안에 갇혀 다른 세계를 보지 못할 위험이 있습니다. 한 분야에서만 열심히 하다 보면, 다른 분야에서 필요한 능력을 충분히 개발하지 못하게 되고, 결국 자신의 세계 안에서 한계에 부딪혀 다양한 기회를 놓치게 될 수 있습니다. 우물은 안전하지만, 그만큼 고립되기 쉽습니다. 넓은 세상을 보지 못하게 되면, 끊임없이 변화하는 이 시대에 적응하기 어려울 수 있습니다.

현대사회는 다양한 학문이나 영역 간의 한계를 뛰어넘어 자신만의 해석으로 융합할 수 있는 제너럴리스트, 즉 다재다능한 인재를 필요로 합니다. 제너럴리스트는 여러 분야에 대한 지식과 다양한 경험을 바탕으로 새로운 해결책을 찾아낼 수 있는 존재를 말합니다. 이들은 문제 해결에 있어서 서로 다른 분야에서 얻은 통찰력을 융합하여, 새로운 해결책을 도출하거나 혁신적인 아이디어를 제시할 수 있습니다. 제너럴리스트는 특정 분야에 깊이 있는 지식을 가진 스페셜리스트와 달리, 여러 분야를 아우르며, 그 사이의 연결점을 찾아내는 능력을 가지고 있습니다.

스페셜리스트와 제너럴리스트의 차이는 명확합니다.
스페셜리스트는 특정 분야에서의 깊이 있는 지식과 전문성을 바탕으로, 그 분야의 최고가 되는 것을 목표로 합니다. 이들은 한 분야에서 심도 있는 연구와 경험을 통해 전문적인 문제를 해결하는 데 뛰어납니다. 반면, 제너럴리스트는 여러 분야에 걸친 다양한 지식을 종합하여, 복합적인 문제를 다양한 시각에서 접근하는 능력을 갖추고 있습니다. 이들은 변화하는 상황에 빠르게 적응하며, 다양한 분야를 연결하고 융합하는 과정에서 새로운 가치를 창출할 수 있습니다.

현대사회는 이 두 유형의 인재를 모두 필요로 합니다.

스페셜리스트가 특정 분야에서 깊이 있는 해결책을 제공한다면, 제너럴리스트는 복잡한 문제에 대한 통합적이고 창의적인 해결책을 제공합니다. 두 유형의 인재가 서로 협력할 때, 우리는 더 큰 성과를 이룰 수 있습니다. 따라서, 현대사회에서 중요한 것은 자신이 스페셜리스트가 되어야 할지, 제너럴리스트로 성장해야 할지를 명확히 인식하고, 그에 맞는 역량을 키워나가는 것입니다.

제너럴리스트로서의 정체성은 어떻게 확립될 수 있을까요? 이는 단순히 여러 분야를 경험하는 것에 그치지 않고, 각 분야에 대해 깊이 고민하고 연구하는 과정에서 형성됩니다. 예를 들어, 스트릿댄서로서의 정체성 역시 단순히 춤을 추는 행위만으로 만들어지는 것이 아닙니다.

저는 예술대학 실용무용(스트릿댄스)과 진학을 꿈꾸었지만, 현실적인 이유로 그 꿈을 포기하고 사회복지학과에 진학했습니다. 그러나 마음속 깊이 스트릿댄스에 대한 열정은 사라지지 않았습니다. 어떻게든 이 두 가지를 연결할 방법을 찾고자 했습니다.

그러던 중, 제가 오랫동안 싶었던 학교인 서울예술종합학교의 입시설명회에 참석할 기회가 생겼습니다. 이미 대학교에 입학한 상태였지만, 여전히 그 학교에 대한 미련이 남아 있었기에 입시를 준비하는 고등학생들과 함께 입시설명회를 참석했습니다. 그곳에서 무용예술학부 박재민 교수님의 말씀을 듣고, 깊은 감명을 받게 되었습니다.

"춤을 춰야 스트릿댄서인 것만은 아닙니다. 한국무용을 전공하신 양 교수님이 스트릿댄스에 대한 논문을 쓰신 분입니다. 이 분은 한 명의 스트릿댄서로 인정받을 수 있습니다. 왜냐하면 한 명의 스트릿댄서로서 그 어떤 스트릿댄서보다 깊이 스트릿댄스에 대해 고민했기 때문입니다."

춤을 단순히 추는 것만이 아니라, 춤에 대한 깊은 이해와 연구를 통해 스트릿댄서로서의 정체성을 확립할 수 있다는 것을 깨달았습니다. 단순한 동작의 반복이 아니라, 그 안에 담긴 역사, 문화, 그리고 철학을 탐구하면서 비로소 진정한 스트릿댄서로서의 깊이 있는 정체성을 형성할 수 있었습니다. 이를 통해 춤이 단순한 표현이 아닌, 나 자신을 나타내고 세상과 소통하는 강력한 도구라는 사실을 깨달았습니다.

이후, '춤'이라는 분야를 다른 학문들과 접목하자 해야 할 일들이 무수히 생겨났습니다. 사회복지학에 춤을 접목함으로써 새로운 정체성과 분야가 형성되었고, 이를 통해 더욱 창의적인 사회복지 활동을 기획할 수 있게 되었습니다. 예를 들어, 춤과 관련된 사회복지 사업 제안서를 작성해 대회에 출전하기도 했으며, 청소년 쉼터에서 춤을 가르치는 봉사 활동을 통해 입소 청소년들과 함께 크리스마스 공연을 준비했습니다.

이러한 노력은 단순한 활동을 넘어, 청소년들에게 긍정적인 영향을 미치는 중요한 경험이 되었습니다. 이 같은 공로 덕분에 예비 사회복지사로서 모범 표창장을 받는 영광도 누리게 되었습니다.

법학과로 전공을 변경한 후에는 학업을 병행하면서 전공 지식을 활용해 댄스팀의 운영 방안을 수립하는 데 시너지를 얻기도 했습니다. 법학적 지식은 예술 단체를 설립하고 운영하는 데 있어 중요한 밑거름이 되었으며, 대표로서 댄스팀을 이끌어 나가는 데 큰 도움을 주었습니다. 법학과 예술의 결합을 통해, 조직의 운영과 관리에 있어 더욱 체계적이고 전문적인 접근을 할 수 있었습니다.

여기서 우리는 '스페셜리스트'와 '제너럴리스트'의 개념을 다시 생각해 볼 수 있습니다. 스페셜리스트는 특정 분야에 깊이 있는 지식을 가진 전문가를 의미하며, 제너럴리스트는 여러 분야에 대한 지식과 경험을 가진 다재다능한 사람을 뜻합니다. 그날 박재민 교수님은 스페셜리스트로서의 길을 제시해 주었습니다. 춤을 추는 것에 그치지 않고, 춤에 대한 깊이 있는 연구를 통해 스트릿댄서로서의 정체성을 확립할 수 있는 것입니다.

스페셜리스트가 되기 위해 노력하는 과정에서 동시에 제너럴리스트로서의 길도 걸어가고 있다는 것을 깨닫게 되었습니다. 사회복지학과에 진학하여 청소년지도사로서의 경험을 쌓으면서도, 스트릿댄스에 대한 깊은 이해를 바탕으로 춤을 가르치고 연구하는 두 가지 길을 병행한 것입니다. 다양한 경험을 통해 얻은 지식과 통찰력은 저를 특정 분야의 전문성을 넘어 다양한 문제를 다각적으로 접근하고 해결할 수 있는 능력을 키워주었습니다.

스페셜리스트와 제너럴리스트의 경계를 넘나들며 자신만의 길을 찾아가는 과정은 매우 중요합니다. 특정 분야에 깊이 있는 전문가가 되기 위해서는 그 분야에만 머무르지 않고, 다양한 경험과 지식을 쌓아야 합니다. 이러한 경험들은 새로운 시각과 통찰력을 제공해 주며, 그 분야에서 더 큰 성과를 이루는 데 필수적인 요소입니다. 스페셜리스트로서의 깊이를 갖추기 위해서는 제너럴리스트로서의 넓이를 함께 갖추어야만 더 넓은 시야를 바탕으로 복합적인 문제를 해결할 수 있습니다.

스페셜리스트로서의 깊이와 제너럴리스트로서의 넓이를 모두 갖춘, 균형 잡힌 인재로 성장해 가며 새로운 기회를 잡아나가길 바랍니다.

한 해에도 수십 개의 직업이 생기고 사라집니다. 이러한 변화 속에서 다양한 분야에 대한 경험과 소통할 수 있는 능력은 점점 중요한 자질로 떠오르고 있습니다. 심리학과 예술, 금융과 교육 같은 서로 다른 분야들이 연결될 때, 우리는 더 창의적이고 혁신적인 결과를 만들어 낼 수 있습니다. 이러한 융합은 새로운 아이디어와 솔루션을 제공해, 복잡한 문제를 해결할 수 있게 합니다.

새로운 분야를 배우고자 한다면, 기존에 하던 일을 최소한으로 줄이고, 진정한 실력은 단순히 시험에서 점수를 올리기 위해 문제 유형을 외우거나, 위기에 봉착했을 때 편법을 사용하는 것으로 얻어지지 않습니다. 학습이란 단어가 수능과 시험 준비와 연관되어 고리타분하게 들릴 수 있지만, 원래 학습의 본질은 새로운 정보를 습득하고, 그것을 나의 실력으로 만드는 것입니다. 진정한 배움은 끊임없는 호기심과 노력에서 비롯되며, 그 과정에서 얻은 지식과 경험이 나를 성장시킵니다.

다양한 경험은 마치 나무가 튼튼하게 자라기 위해 필요한 자양분과 같습니다. 성과를 내는 사람에게는 공통점이 있습니다. 남들이 만들어 놓은 길을 무조건 따르는 대신, 새로운 일에 기꺼이 도전하여 두려움을 이겨낸다는 것입니다. 이 과정에서 처음에는 서로 관련 없어 보이는 영역들이 점차 연결되어 하나의 큰 그림을 그리게 됩니다.

진정한 스페셜리스트는 단순히 한 분야에만 몰두하는 사람이 아닙니다. 오히려 제너럴리스트처럼 다양한 분야를 이해하고, 그 지식을 통해 더 깊이 있는 전문성을 발휘할 수 있는 사람입니다. 세상은 서로 밀접하게 연관되어 있기 때문에, 단절된 상태에서는 창의성이 제대로 발휘될 수 없습니다. 과거에는 한 가지만 잘하면 충분했을지 모르지만, 현대처럼 복잡하게 연결된 사회에서는 다방면에 능통한 능력이 필수입니다. 끊임없이 새로운 분야를 탐구하고, 학습을 지속해 나가는 것이 중요한 이유입니다.

청소년 여러분, 여러분도 스페셜리스트가 될 수 있습니다. 하지만, 하나의 분야에 깊이를 더해가는 동시에 다양한 분야를 배우고 경험을 쌓아가세요. 여러분의 미래는 여러분의 선택에 달려 있습니다. 우물 아래 깊숙한 곳에 수맥을 찾을 때까지 한 분야에 집중하되, 물을 찾은 후에는 새로운 우물을 파기 위한 시도를 두려워하지 마세요. 그렇게 다양한 우물들을 개척해 나갈 때, 여러분의 삶은 더욱 풍요로워질 것입니다.

결국 정답은
자신만의 길을 만드는 것

처음부터 잘하는 사람과 결국 잘하게 되는 사람이 있습니다. 처음부터 잘하는 사람은 천부적인 재능을 타고난 사람일 수 있습니다. 이들은 처음에 성공을 거두기 쉽지만, 한계에 부딪혔을 때 발전을 멈출 수도 있습니다. 반면, 끊임없이 노력하고 배우려는 사람은 시간이 지날수록 더욱 큰 성취를 이뤄냅니다. 중요한 것은 다른 사람과 비교하지 않고, 어제의 나와 비교하는 것입니다. 자기자신과의 경쟁에서 승리하는 것이 진정한 성취입니다.

'Difference is the Value'

(다름이 가치다)

킬리만자로의 정상에 있는 표범에 관한 얘기를 들어본 적이 있나요? 킬리만자로는 해발 1만 9,710피트 높이로 아프리카에서 가장 높은 산으로, 지금도 흰 눈으로 덮여 있습니다. 그 산의 서쪽 정상 가까이에는 말라버리고 얼어붙은 표범의 시체가 하나 있습니다. 그 표범이 무엇을 찾기 위해 그토록 헤매었는지 이유를 알 수 없었습니다.

헤밍웨이는 단편소설 〈킬리만자로의 눈〉에서 표범이 그 산에 간 이유를 명확히 설명하지는 않습니다. 표범이 왜 그곳에 있었는지는 미스터리로 남아 있지만, 이는 야망과 삶의 목적에 대한 깊은 성찰을 불러일으킵니다.

아프리카의 평원에서 비교적 쉽게 먹이를 구할 수 있었을지도 모르는 표범이, 왜 가장 높은 곳을 향해 도전했을까요? 그 답은 우리의 삶에도 적용될 수 있는 상징적인 메시지로 연결됩니다. 표범은 단순히 생존을 위한 평범한 삶을 택하지 않았습니다. 대신, 그는 더 높은 곳, 더 큰 도전을 향해 나아갔습니다. 이는 마치 인간이 일상의 안락함을 뒤로하고 더 높은 목표를 추구하는 과정과도 닮아 있습니다.

이 표범은 단순히 먹고 사는 문제를 넘어 자신의 존재 의미와 삶의 가치를 찾고자 했던 것처럼 보입니다. 우리가 매일 맞닥뜨리는 선택의 기로에서 더 쉬운 길을 택할 수 있음에도 불구하고, 때로는 더 큰 도전을 선택하는 이유와 맞닿아 있는 것입니다. 이 표범의 여정은 평범한 생존 이상의 것을 추구하는 상징적인 행위로 해석될 수 있습니다.

결국, 이 표범은 꿈과 야망을 가지고 있었으며, 이를 실현하기 위해 더욱더 열심히 노력하고자 했던 것입니다. 그의 도전은 우리에게도 깊은 영감을 주며, 삶의 목적을 찾기 위해서는 때로는 어려운 길을 선택해야 한다는 메시지를 전달합니다. 이 표범은 꿈과 야망을 가지고 있었으며, 이를 실현하고자 더욱더 열심히 하고자 했던 것입니다.

"숲속에 두 갈래 길이 있었고, 나는 사람들이 적게 간 길을 택했으며, 그리고 그것이 내 모든 것을 바꾸어 놓았다."

이 로버트 프로스트의 시 구절은 우리가 내리는 선택이 얼마나 큰 차이를 만들어 낼 수 있는지를 잘 보여줍니다. 익숙한 길을 따르는 대신, 새로운 도전과 모험을 선택하는 것이 여러분의 인생을 근본적으로 특별하게 바꿀 수도 있습니다.

세상은 끊임없이 변하고 있습니다. 새로운 기술, 새로운 생각, 새로운 기회가 매일같이 등장합니다. 이런 변화 속에서 남들이 하는 것을 따라 하면 안전하다고 생각하기 쉽습니다. 하지만, 사람들이 몰리는 곳은 경쟁이 치열해지고, 대다수는 실패할 가능성이 큽니다. 그건 진정한 안전이 아닙니다. 집단에 소속되어야만 편안함을 느낀다면 벗어나야 합니다. 남들이 하지 않는 일을 하고, 남들과 다른 방식으로 접근하는 것이 독립적인 길입니다.

얼룩말의 색깔이 검정이 바탕인지, 흰색이 줄무늬인지 중요할까요? 검은색과 흰색 중 하나라도 없다면 얼룩말이 아닙니다. 마찬가지로, 각자의 독특한 특성 없이는 우리 자신도 '자신'일 수 없습니다. 우리 모두는 각자만의 독특한 무늬를 가지고 있어야 합니다. 이 무늬가 우리의 정체성을 나타내며, 그로 인해 우리는 특별해집니다.

진정한 리더는 무리 속에 휩쓸리지 않습니다. 다만 무리가 그들을 따릅니다. 무리 속에 있다 보면 자신의 힘과 무리의 힘을 혼동할 수 있습니다. 무리를 벗어나는 순간, 비로소 자신의 힘을 객관적으로 알게 됩니다. 무리를 벗어나 자기 자신의 진정한 힘을 발견하는 것은 독립적인 존재로서 성장하는 중요한 단계입니다.

이러한 성장을 위해서는 혼자만의 시간을 통해서 스스로에게 질문하는 과정이 필요합니다. 자기 자신과의 대화는 내면의 소리를 듣고, 진정한 자신을 발견하는 중요한 과정입니다. 이러한 과정을 통해 우리는 더 강하고 독립적인 존재로 성장할 수 있습니다.

우리는 사회 속에서 많은 압박과 기대를 받습니다. 부모님의 기대, 사회의 기준, 친구들의 시선 등이 우리의 선택에 영향을 미칠 수 있습니다. 그러나, 중요한 것은 자신이 진정으로 원하는 것이 무엇인지 아는 것입니다. 타인의 기대에 부응하려다 보면 정작 자신이 원하는 것을 잃어버릴 수 있습니다.

많은 수입, 안정된 직장, 명예 등 주변의 기대나 사회의 기준에 맞추는 대신, 내가 가진 고유한 재능과 열정을 통해 세상에 긍정적인 영향을 미칠 수 있는 비전을 찾으세요. 이 비전은 여러분의 고유한 재능과 열정을 바탕으로, 세상에 기여할 수 있는 독특한 가치를 나타냅니다.

결국 여러분의 인생은 여러분의 선택과 도전에 의해 결정됩니다. 아무도 여러분의 인생을 대신 책임져 줄 수 없습니다. 금전적인 보상을 해줄 수 있을지 몰라도, 흘러간 시간을 되돌릴 수는 없습니다. 그래서 스스로의 판단과 선택이 중요합니다.

어떤 상황에서도 여러분 안에 있는 꿈과 열정이 여러분을 앞으로 나아가게 할 것입니다. 자신의 길을 개척하는 과정에서 여러분은 수많은 도전과 시련을 겪게 되겠지만, 그 과정을 통해 여러분은 더 강하고 독립적인 존재로 성장할 것입니다. 기억하세요. 여러분의 인생은 여러분의 선택과 도전에 달려 있습니다! 여러분의 스펙이 아닌, 스토리로 특별한 이야기를 만들어 가세요. 꿈과 열정이 그 여정을 이끌어 줄 것입니다.

스스로에게 던지는 질문

Q. 내가 좋아하는 일과 잘하는 일을 결합하여 새로운 기회를 만들어 본다면 어떤 모습일까요?

Q. 새로운 경험에 도전한다면 어떤 멋진 이야기가 펼쳐질 것 같나요?

Q. 다양한 분야에서 경험을 쌓아 나만의 길을 만들어 가는 과정이 얼마나 흥미롭고 보람될지 상상해 보세요.

"여러 가지 고민 속에서 나만의 길을 찾는 여정을 시작해 보았습니다. 이제 다음 장에서는 이러한 여정을 구체화하고, 자신의 꿈을 현실로 만들기 위한 퍼스널 프로젝트를 시작하는 방법에 대해 자세히 알아보겠습니다. 여러분의 항해가 더욱 의미 있고 도전적인 여정이 될 수 있도록 함께 준비해 봅시다."

제3장 출항

이 장에서는 퍼스널 프로젝트를 시작하는 방법과
그 중요성에 대해 설명합니다.
*갭이어의 필요성과 퍼스널 프로젝트가
개인의 성장에 어떻게 기여할 수 있는지 이야기합니다.
또한, 퍼스널 프로젝트를 설계하고 실행하는
구체적인 가이드를 제공합니다.

---

*   갭이어(gap year) : 학업이나 직무를 잠시 중단하고 다양한 경험을 쌓는 기간.
    주로 여행, 봉사활동, 인턴십을 통해 개인적인 성장을 추구하는 시간을 말함.

갭이어로
퍼스널 프로젝트 시작하기

왜 꿈만 꾸나요? 한 번은 떠나야 합니다.

떠나는 것은 일상을 버리는 것이 아니라,

돌아와서 더 잘 살기 위해서예요.

― 김영하(한국의 소설가)

방학을 활용하여
갭이어(gap year) 시간을 가지세요

갭이어는 학업을 병행하거나 잠시 중단하고, 자신의 미래를 설계하기 위해 창조적인 시간을 갖는 것입니다. 이 기간 동안 봉사활동, 여행, 진로 탐색, 교육, 인턴십, 창업 등 다양한 활동에 참여하며 나아가야 할 방향을 설정하는 데 집중할 수 있습니다. 갭이어는 자신을 더 깊이 이해하고, 새로운 경험을 통해 다양한 가능성을 탐색할 수 있는 중요한 기회입니다.

1960년대 영국에서 시작된 갭이어는 학생들에게 해외 봉사, 인턴, 여행, 워킹홀리데이 등의 다양한 프로그램을 제공하여, 학업과는 다른 경험을 쌓을 수 있는 기회를 주었습니다. 영국에서 성공적으로 정착된 이 갭이어 제도는 이후 아일랜드에서 '전환 학년제'라는 이름으로 도입되었으며, 학생들의 높은 참여율과 만족도를 얻으며 큰 성공을 이루었습니다. 이러한 성공을 바탕으로, 유럽 여러 국가, 미국, 일본 등지에서도 갭이어 제도가 점차 도입되기 시작했습니다.

이를 본받아 2016년부터 우리나라에서는 중학교 1학년을 대상으로 자유학기제가 시행되고 있습니다. 자유학기제는 학생들이 시험 부담에서 벗어나 자신의 흥미와 적성을 탐색하고, 다양한 경험을 통해 미래를 준비할 수 있도록 돕는 제도입니다. 이 제도는 갭이어의 정신을 반영하여, 학생들이 스스로를 더 잘 이해하고 진로를 설정하는 데 중요한 역할을 하고 있습니다.

학생들의 대학교 1학년 성적을 비교 조사한 결과 1년을 쉬고 대학을 간 학생들이 곧바로 대학에 간 학생들보다 12% 더욱 좋은 성적을 내는 것으로 나타났습니다(2021년, 뉴질랜드 교육부 연구팀). 1년 동안 쉬고 난 뒤 공부의 필요성을 절실하게 느끼거나 자신감이 생겨난 학생들이 대학에 들어가기 때문입니다.

이 시기에 다양한 경험을 통해 세상을 바라보는 시야를 넓히고, 미래를 향한 큰 항로를 그려야 합니다. 개인의 흥미와 적성은 시간이 흐르면서 여러 번 변할 수 있습니다. 그렇기 때문에, 현재의 관심사에만 얽매이는 것이 아니라, 원하는 삶의 모습을 그려놓고 살아가는 것이 중요합니다. 점처럼 나열된 경험들이 연결되어 새로운 가능성을 열어줄 수 있기 때문입니다.

콜럼버스가 신대륙을 향할 때, 지도는 없었습니다. 호기심과 나침반이 있었을 뿐이죠. 마찬가지로, 많은 학생들이 학업에만 몰두하여 정작 자신만의 꿈을 위한 시간을 갖지 못하는 현실이 안타깝습니다. 학생들에게는 꿈을 찾기 위한 시간이 따로 마련되어야 합니다.

이러한 시간을 제공하기 위해서 갭이어가 중요한 제도로 주목받고 있습니다. 학생뿐만 아니라. 사회인, 직장인들의 학업과 직무 능력을 올릴 수 있는 기회를 제공하고 있습니다. 이 제도는 단순히 학업을 중단하는 것이 아니라, 잠시 멈추어 개인이 자신의 길을 재정비하고, 더욱 풍부한 경험과 지식을 쌓기 위한 재충전의 시간이 됩니다. 갭이어는 단순 청소년, 청년, 시니어 등 다양한 연령층의 활동을 증진시키는 문화로 전 세계에서 권장되고 있습니다.

《해리 포터》 시리즈에서 헤르미온느 역을 맡은 엠마 왓슨은 아이비리그 명문 브라운대학교에 입학하기 전, 갭이어를 가지며 공정 패션 기업 '피플트리'에서 디자이너로 인턴십을 경험했습니다. 이 기간 동안 그녀는 단순한 학업 이상의 경험을 쌓으며, 사회적 책임과 패션 산업에 대한 깊은 이해를 키웠습니다.

또한, 영국 왕실의 윌리엄 왕자와 해리 왕자 역시 갭이어를 가졌습니다. 이들은 대학에 입학하기 전에 1년간 여행을 하거나 다양한 일을 하며 사회 경험을 쌓았습니다. 이러한 경험들은 그들이 더 넓은 시야를 가지게 하고, 학업에 더 큰 목적의식을 가지고 임할 수 있도록 도왔습니다.

아직 꿈이 없다면 하고 싶은 일, 작은 꿈들을 찾는 것이 중요합니다. 큰 배도 작은 *조타륜 하나로 움직입니다. 마찬가지로, 우리의 인생도 작은 선택들이 모여 큰 방향을 결정하게 됩니다. 살아가면서 우리는 무수히 많은 작은 선택들이 모여 길을 만들어 냅니다.

나침반이 올바른 방향을 가리키기 전에 흔들리는 것처럼, 우리가 방황하는 순간도, 마찬가지로 꿈을 찾는 과정임을 잊지 말아야 합니다. 흔들림은 우리가 원하는 길을 찾는 데 필요한 단계입니다.

갭이어를 활용하여 자신만의 프로젝트를 진행하고, 다양한 경험을 통해 꿈을 찾아가세요. 현재에 최선을 다하고, 꿈을 이루기 위한 작은 행동을 시작하세요. 여러분의 미래는 여러분의 선택과 도전에 달려 있습니다.

---

* 　조타륜(操舵輪) : 손잡이가 달린 바퀴 모양의 장치로, 조타륜을 돌리면 배의 키를 움직여 배의 진로를 변경할 수 있음.

퍼스널 프로젝트란
무엇인가

리얼리스트가 되자.

그러나 가슴속에는 불가능한 꿈을 갖자.

– 체 게바라(아르헨티나 출생의 쿠바 정치가 · 혁명가)

퍼스널 프로젝트는 연습이다.
실패를 경험하는 연습

청소년기와 청년기에는 가족으로부터 독립하여 '내 것'을 찾고자 하는 마음이 더욱 강해집니다. 이 시기는 자신만의 정체성을 확립 하고, 독립된 개인으로서 성장해 나가는 중요한 시기입니다. 하지만 이 과정에서 '나'를 찾고자 하는 마음이 억눌리거나, 자신의 진로에 대한 불확실성이 커지면, 성인이 되었을 때 심리적 문제로 이어질 수 있습니다. 따라서 청소년기와 청년기에 자신을 발견하고, 자신의 꿈과 목표를 구체화하는 경험은 매우 중요합니다.

청소년기에는 방학이나 갭이어를 통해 다양한 경험을 해야 합니다. 이 시간은 단순한 휴식이 아니라, 자신의 진로를 확립하고 더 나아가 자신만의 길을 찾아가는 중요한 과정이 될 것입니다. 갭이어는 새로운 환경에서 자신을 시험하고, 다양한 활동을 통해 자신의 흥미와 열정을 탐구하는 기회를 통해 여러분이 진정으로 원하는 삶의 방향을 설정하는 중요한 역할을 할 것입니다.

모든 목표를 이루지 못했다고 해서 좌절할 필요는 없습니다. 중요한 것은 목표를 이루기 위한 과정에서 무엇을 배우고, 어떻게 성장했는지입니다. 목표 그 자체를 넘어 더 큰 그림을 보며 계속 나아가길 바랍니다. 때로는 계획대로 일이 풀리지 않을 때도 있지만, 그 과정에서 얻는 교훈과 경험이 여러분을 더 강하게 만들어 줄 것입니다.

청소년기와 청년기는 인생의 나침반을 설정하는 시기입니다. 자신의 꿈과 목표를 이루기 위한 모험이 때로는 어려움을 겪을 수 있지만, 그 모든 과정이 여러분의 삶을 더욱 풍요롭게 만들어 줄 것입니다. 그러니 두려워하지 말고, 새로운 경험에 도전하며 자신만의 길을 개척하는 모험생이 되기를 바랍니다.

퍼스널(personal)
'개인의' 프로젝트란?

'개인이 자신만의 목표를 세우고 그 목표를 이루기 위해 계획하고 실행하는 활동' 전반을 뜻합니다. 이 프로젝트는 학교 공부나 학업 과제와는 다릅니다. 퍼스널 프로젝트는 여러분이 하고 싶고, 관심 있는 것에 집중하며, 스스로 계획하고 실행하는 개인적인 목표를 달성하기 위한 활동입니다.

왜 퍼스널 프로젝트가
중요할까요?

퍼스널 프로젝트는 여러분이 무엇을 좋아하고, 어떤 것에 열정을 느끼는지 발견하는 데 중요한 역할을 합니다. 이를 통해 자신의 강점과 약점을 파악하고, 나아가 자신의 진로를 설계하는 데 큰 도움이 됩니다. 학교에서 배우는 교과목과는 달리, 퍼스널 프로젝트는 여러분의 흥미와 열정을 중심으로 이루어집니다. 여러분이 진정으로 관심을 가지는 분야에 집중할 수 있도록 돕기 때문에, 더욱 의미 있고 실질적인 성장을 경험할 수 있습니다.

퍼스널 프로젝트는 단순히 경제적인 활동을 넘어서, 개인의 관심사를 바탕으로 자발적으로 시작되는 소규모 단위의 프로젝트입니다. 직장인, 학생 등 누구든 본업 외에 원하는 일을 하면서 자아를 발견하고 정체성을 확립할 수 있는 기회를 제공합니다. 이는 자신의 삶을 더욱 풍요롭게 만들고, 나아가 자신만의 고유한 길을 개척하는 데 중요한 기반이 됩니다.

퍼스널 프로젝트의 중요성은 개인이 삶에 부여하는 의미와 밀접하게 연결되어 있습니다. 우리의 삶은 순간순간에 부여하는 의미에 따라 달라지며, 퍼스널 프로젝트의 핵심 가치는 단순한 취미나 여가 활동을 넘어서, 개인의 깊은 관심사와 열정을 추구하며 특별한 활동을 지속하는 과정에 있습니다. 이러한 과정은 자신이 진정으로 원하는 것이 무엇인지 깨닫게 하고, 자신의 능력을 발견하고 발전시키는 기회를 제공합니다.

또한, 퍼스널 프로젝트는 여러분이 사회와 연결되는 방식을 변화시킬 수 있습니다. 개인적인 성취를 통해 자신감을 얻고, 이러한 성취가 사회와의 연결고리를 강화할 수 있습니다. 자신의 경험과 성장을 통해 주변 사람들에게 긍정적인 영향을 미치며, 나아가 사회에 기여할 수 있는 더 큰 가능성을 발견하게 됩니다.

퍼스널 프로젝트는 여러분이 자신의 삶을 더 깊이 이해하고, 나아가 더 의미 있는 삶을 살아갈 수 있도록 도와줍니다. 이를 통해 여러분은 자신만의 길을 개척하고, 진정한 자아를 찾아가는 여정을 이어갈 수 있을 것입니다.

퍼스널 프로젝트라고 거창하게 이름 붙인 이유는 일상 속에서는 새로운 것을 시도하기가 쉽지 않기 때문입니다. 우리는 익숙한 일상 속에서 안전함을 느끼지만, 그 안에 머무르면 성장의 기회를 놓칠 수 있습니다. 퍼스널 프로젝트는 이러한 한계를 뛰어넘어 새로운 것을 추진할 용기를 키워주고, '자기 확신'을 심어줍니다. 사람들이 비웃거나 의심했던 일을 하나씩 끝내 이루어 내는 성취감을 가졌으면 합니다.

퍼스널 프로젝트 기간에는 '나' 이외의 누군가의 강압, 간섭, 통제 또는 평가, 비교에서 벗어나는 것이 중요합니다. 이 기간은 여러분이 진정으로 원하는 것이 무엇인지, 그리고 이 프로젝트를 통해 어떤 가치를 얻고자 하는지 깊이 생각할 수 있는 소중한 기회를 제공합니다. 퍼스널 프로젝트는 단순한 도전이 아니라, 자신의 관심사를 발견하고 그로부터 고유한 가치를 창출해 나가는 과정입니다.

이 과정에서 중요한 것은 실패를 두려워하지 않고, 그것을 '**실험**'으로 받아들이는 것입니다. 실패는 곧 배움의 기회이며, 나답지 않은 것을 덜어내고 진정한 자신을 찾아가는 중요한 단계입니다. 프로젝트를 통해 경험하는 실패와 성공 모두가 여러분을 더 깊이 이해하고, 성장하는 데 필수적인 요소가 됩니다.

퍼스널 프로젝트를 시작하기 전에 성공적으로 프로젝트를 마친 모습을 상상해 보세요. 운동을 즐기는 사람은 목표로 했던 멋진 몸을 갖추고, 워커홀릭은 노력의 결실로 승진을 이루며, 고된 연습을 거친 아티스트는 무대 위에서 빛나게 될 것입니다.

이 모든 과정에서 중요한 것은, 여러분이 스스로 선택한 고통과 도전이 결국 여러분을 더욱 강하게 만들어 줄 것이라는 점입니다. "당신이 선택한 고통이 당신을 만듭니다."라는 의미는, 여러분이 어려운 순간을 이겨내며 얻은 성취가, 결국에는 여러분 자신을 가장 단단하게 만들어 가는 중요한 요소가 된다는 것을 의미합니다. 고통과 도전은 때로는 피하고 싶은 것이지만, 그것을 직면하고 극복해 나가는 과정이 바로 여러분의 진정한 성장을 이끌어 내는 열쇠가 됩니다.

퍼스널 프로젝트를 통해 여러분은 단순히 목표를 달성하는 것을 넘어, 스스로를 깊이 이해하고 성장하는 과정을 경험하게 될 것입니다. 이 퍼스널 프로젝트는 이론이 아닌 실제 경험을 통해 배우는 기회를 제공합니다.

여러분이 직접 무언가를 계획하고 실행해 보는 과정에서 많은 것을 배우고 성장할 수 있습니다. 프로젝트를 성공적으로 수행하면서 여러분은 자신에 대한 신뢰와 자신감을 키울 수 있습니다. 이는 더 큰 도전을 할 수 있는 동기를 부여합니다.

퍼스널 프로젝트의 의미는 매우 심오할 수도 있고 다소 엉뚱할 수도 있습니다. 프로젝트가 얼마나 중요한가에 대한 무게와 의미는 실행자에게 달려 있습니다. 중요한 것은 이러한 프로젝트를 통해 자신의 가능성을 탐구하고, 자신만의 길을 찾아가는 것입니다. 청소년 여러분도 지금부터 퍼스널 프로젝트를 통해 자신을 발견하고, 꿈을 실현해 나가길 바랍니다.

1에서 100까지 가는 것과 0에서 1로 가는 것 중 어느 것이 더 위대할까요? 다양한 곳에서 0에서 1까지 갔던 경험들은 졸업장 이상의 가치를 만들어 낼 것입니다. 퍼스널 프로젝트는 작은 시도지만, 그 과정에서 얻는 경험과 성취는 여러분의 인생을 풍요롭게 만들 것입니다.

이것을 꼭 기억하세요. 우리는 모두 성장의 속도, 방향, 방법이 다릅니다. 스스로 동기부여를 통해 프로젝트를 실행하고, 작은 성취라도 그것에 대해 만족하는 것이 중요합니다. 여러분의 노력과 성취가 쌓여 여러분이 마주할 벽을 열 수 있는 강력한 문으로 변할 것입니다.

퍼스널 프로젝트를
해야 할 이유

미래를 예측하는 가장 좋은 방법은

그 미래를 만드는 것이다.

— 피터 드러커(오스트리아 출생의 미국 경영학자 · 작가)

　여전히 원하는 일을 하기 위해 완벽한 준비가 필요하다고 생각하나요? 도전하려는 사업을 위해 대학 졸업장을 받고 나서, 혹은 유튜브 시작을 위해 카메라를 사고 나서 비로소 준비가 끝났다고 느낄 수 있을까요? 사실, '완벽하게 준비된 나'는 존재하지 않을지도 모릅니다. 계속해서 '지금 있는 그대로, 현재의 나'가 있을 뿐입니다. 졸업장이나 자격증에 얽매이기보다는, 하고 싶은 일에 과감히 뛰어드는 실행력이 더 나은 결과를 가져옵니다.

꿈을 현실로 만드는 가장 확실한 방법은 바로 지금, 이 순간부터 시작하는 것입니다. 아무리 멋진 꿈과 계획을 세워도 실행하지 않으면 그저 꿈에 불과합니다. 프로젝트를 통해 작은 성취를 이루다 보면 자신감이 생기고 더 큰 도전에도 과감히 나설 수 있는 용기가 생깁니다.

꿈을 꾸는 사람들은 무수히 많습니다. "30대에는 이렇게 되어야지!", "40대에는 목표를 이룰 거야." 꽤 구체적인 미래를 계획하는 이들은 많지만, 그 꿈을 이루기 위해 당장 오늘을, 그리고 한 주를 치열하게 사는 이는 많지 않습니다.

"당신은 미래를 걱정하지 않나요?"라는 질문에 이렇게 대답할 수 있기를 바랍니다. "네. 전혀 걱정하지 않습니다." 왜냐하면, 지금 이 순간을 말 그대로, 꿈을 이루기 위해 살고 있으니까요. 현재 최선을 다해서 살고 있는데, 왜 미래 걱정을 해야 하나요? 현재에 집중하며 최선을 다하다 보면 미래는 알아서 올 겁니다.

퍼스널 프로젝트는 여러분이 스스로 선택하고 계획한 활동을 통해 자신만의 목표를 이루어 나가는 과정입니다. 이는 학교 공부와는 다르게 여러분이 정말로 관심 있고 열정을 느끼는 것을 중심으로 이루어집니다. 퍼스널 프로젝트를 통해 여러분은 자신을 더 잘 알게 되고, 자신감을 키우며, 실질적인 경험을 쌓을 수 있습니다. 퍼스널 프로젝트로 여러분의 꿈을 향해 나아가는 첫걸음을 시작해 보세요!

진로와 직업을 찾는 데에만 초점을 맞추기보다 다양한 경험을 찾아보세요. 사회를 경험하며, 시각을 넓히고 유연한 태도를 기르는 것이 사회의 환경 변화에 적응하는 데 더 수월할 것입니다. 지금 원하는 시기에 목표를 이루지 못했다 하더라도 당신이 원한다면 원하는 만큼 여러 기회가 있으니 걱정하지 마세요.

중요한 것은 목표 너머에 있습니다. 대학에 들어가는 것이 목표라면 그다음에는 무엇이 있는지 생각해 보세요. 많은 청소년들이 자신의 진로에 대해 확신을 갖지 못하고 방황하는 경우가 많습니다. 특히 대학 진학을 준비하면서 많은 학생들이 대학 입학이라는 목표에 집중합니다. 목표로 삼았던 대학에 성적에 맞춰 입학했지만, 그 이후의 목표를 잃어버린 채로 방황하게 되는 경우가 많습니다. 이런 상황을 방지하기 위해 방학이나 갭이어 같은 시기를 활용하여 퍼스널 프로젝트를 통해 자신의 작은 꿈을 실현하고, 다양한 경험을 통해 진로를 탐색하는 기회를 제공하는 것이 중요합니다.

자신의 진로를 잃지 않기 위해서는 다양한 경험을 쌓고, 스스로에게 도전하는 시간을 가지는 것이 필요합니다. 이렇게 함으로써 자신이 진정으로 원하는 것이 무엇인지, 무엇을 위해 노력해야 하는지 깨닫게 될 것입니다. 자신의 진로를 확실히 잡는 것은 단순히 한순간의 성과로 이루어지는 것이 아니라, 꾸준한 노력과 자기 탐구를 통해 이루어집니다.

새로운 것을 배우고 탐구하는 것이 두렵거나 어렵게 느껴지나요? 새로운 영역에 도전하는 것은 여러분의 진로에 큰 기회를 가져다줄 수 있습니다. 자신의 학문적 배경이나 취미를 넘어서, 열정을 가진 분야에 독립적이고 창의적인 경로를 탐색하는 퍼스널 프로젝트는 자기계발, 자기 확신뿐만 아니라, 실질적인 경력에도 도움이 될 수 있습니다.

이와 같은 도전의 중요성은 일상에서도 발견할 수 있습니다. 학교에서 시설 관리를 담당하던 선생님께서 어느 날 교장 선생님 퇴임식에서 시를 발표하신 적이 있습니다. 평소에 학교의 수리와 유지보수를 책임지셨던 그분이, 강단에 올라 감동적인 시를 낭독하는 모습을 본 학생들은 큰 감명을 받았습니다. 이 경험을 통해 중요한 교훈을 얻었습니다. 직업이나 직책이 우리의 모든 것을 정의하지 않으며, 누구나 자신이 사랑하는 일을 통해 다른 사람들에게 깊은 감동을 줄 수 있다는 사실입니다.

글을 쓰기 위해 문예창작과를 나와야 한다는 법은 없습니다. '등단'이라는 목표를 정해놓고 문예창작과 진학을 위해 열심히 국어, 영어, 수학을 공부해도, 정말 중요한 것은 계속해서 자신만의 글을 써가는 것입니다. 그래야 문예창작과 진학 후에도 자신이 써놓은 글로 등단할 수 있는 것입니다.

게임을 좋아한다면 유튜브에 자신의 게임 플레이를 녹화하고 편집하여 영상 콘텐츠로 제작하거나, 실시간 스트리밍을 통해 시청자와 소통하는 게임 크리에이터가 될 수 있습니다. 게이머라는 직업은 대회에 나가서 상금을 타는 것으로만 수익을 창출할 수 있었지만, 이제는 게임을 단순히 즐기는 것을 넘어서, 그 경험을 다른 사람들과 공유하며 새로운 가치를 창출하는 직업이 생겨났습니다.

마찬가지로, 다양한 분야에서도 이러한 창의적인 결합이 가능합니다. 춤을 좋아하고 청소년 지도에 관심이 있다면, '춤추는 청소년지도사'로서 춤과 교육을 결합해 청소년들에게 긍정적인 영향을 줄 수 있습니다. 웹툰을 그리면서 동아리 활동을 즐기는 사람이라면, '웹툰 작가이자 동아리부장'으로서 웹툰과 동아리 활동을 결합해 새로운 이야기를 창조할 수 있습니다. 세계여행과 건축에 관심이 있다면, '여행하는 건축학도'로서 여행 중에 다양한 건축물을 공부하며 창의적인 시각을 넓힐 수 있습니다. 또한, 사회복지와 경영에 열정이 있다면, '사회적 기업을 설립한 사회학도'로서 사회적 가치를 실현하며 비즈니스적 성공을 이끌어 낼 수 있습니다. 자신의 열정과 관심사를 결합해 새로운 가능성을 창출하는 것은 각 분야에서 독특한 길을 개척하는 훌륭한 방법입니다.

퍼스널 프로젝트는 다양한 형태로 나타날 수 있습니다. 자신이 주도적으로 기획하고 실행하며 개선하는 과정이 모두 퍼스널 프로젝트가 될 수 있습니다. 이러한 활동을 통해 주도적으로 경험을 쌓고, 더 나아가 새로운 기회를 가질 수 있습니다.

자신만의 브랜드를 만드는 퍼스널 프로젝트를 통해 다양한 창의적인 활동에 도전할 수 있습니다. 예를 들어, 크루를 조직해 공동의 목표를 향해 나아가거나, 유튜브 채널을 운영하며 자신의 콘텐

츠를 세상에 알릴 수 있습니다. 굿즈를 제작해 판매하거나, 자신만의 애플리케이션을 개발하는 것도 훌륭한 도전이 될 수 있습니다.

운동을 좋아하는 사람이라면, 자신만의 피트니스 블로그를 운영하거나, 운동 영상을 촬영해 유튜브에 올리는 프로젝트를 시작해보세요. 그림 그리기를 좋아하는 사람은 매일 한 장씩 그림을 그려 인스타그램에 업로드하며 자신만의 독특한 스타일을 확립할 수 있습니다. 더 나아가, 지역사회 봉사활동에 참여하거나, 작은 비즈니스를 시작해 실질적인 경험을 쌓는 것도 좋습니다.

이러한 다양한 프로젝트들은 단순한 취미를 넘어, 자신의 적성과 취향을 깊이 이해할 수 있는 중요한 기회를 제공합니다. 이 과정에서 얻은 통찰력은 앞으로의 선택과 도전에 있어 더욱 현명한 판단을 가능하게 합니다. 작은 프로젝트들이 쌓일수록 자신의 적성과 재능에 대한 이해가 깊어지고, 이를 바탕으로 더 나은 선택들을 할 수 있게 됩니다. 이러한 경험들은 결국, 여러분의 삶에 큰 영향을 미치며, 더 나은 미래를 위한 발판이 될 것입니다.

퍼스널 프로젝트는 작은 단위의 프로젝트로, 빠르게 시작할 수 있고, 누구든지 시도해 볼 수 있다는 강점이 있습니다. 본격적인 사업을 시작하기 전에 소규모 프로젝트를 통해 자신의 아이디어를 테스트하고, 문제를 해결하여 위험 요소를 줄일 수 있습니다. 이러한 과정을 통해 아이디어가 더욱 완성도 높은 브랜드 또는 프로젝트로 발전하게 됩니다. 퍼스널 프로젝트는 작은 시작이지만, 그 영향력은 커다란 변화를 가져올 수 있는 가능성을 품고 있습니다.

지금 꿈을 현실로 만들 수 있는, 시작할 수 있는 프로젝트를 생각해 보세요.

예를 들어, **작가가 되고 싶다면** 매일 30분씩 글을 쓰는 프로젝트를 시작할 수 있습니다. 이 글쓰기는 단순히 글을 쓰는 것에서 그치는 것이 아니라, 매주 한 편의 단편소설을 완성하거나, 특정 주제에 대해 깊이 있는 에세이를 작성하는 목표를 세울 수 있습니다. 이런 과정을 통해 글쓰기에 대한 감각을 키우고, 자신만의 스타일을 발견할 수 있습니다.

과학자가 되고 싶다면 과학 실험을 해보거나 관련 동아리에 참가할 수도 있습니다. 또한, '매달 새로운 실험 설계 및 결과 분석'을 목표로 삼아, 실험 결과를 블로그나 SNS에 공유함으로써 다른 사람들과 지식을 나누고, 피드백을 받을 수 있습니다. 이러한 과정은 과학적 사고와 문제 해결 능력을 키워줄 것입니다.

디자이너를 꿈꾼다면 스케치북에 매일 새로운 디자인을 그려보거나 온라인에서 무료 강의를 듣는 것으로, '매달 한 작품 완성하기'라는 목표를 가진 프로젝트를 시작할 수 있습니다. 이를 통해 다양한 디자인을 배우고, 전시를 열어 자신의 작품을 선보일 수 있습니다. 나아가, 자신의 포트폴리오를 구축하고, 소셜 미디어를 통해 전 세계와 소통하는 기회로 활용할 수도 있습니다.

프로그래밍에 관심이 있다면, '자신만의 애플리케이션 개발'을 목표로 할 수 있습니다. 이 과정에서는 먼저 간단한 앱을 기획하고, 그 기능을 하나씩 구현해 나가면서 실제로 작동하는 애플리케이션을 만들어 볼 수 있습니다. 이 프로젝트는 코딩 실력을 향상시키는 것뿐만 아니라, 완성된 애플리케이션을 공개하고 사용자 피드백을 받아가며 발전시킬 수 있는 경험이 될 것입니다.

봉사활동에 관심이 있다면, '지역사회 봉사활동 기획 및 실행'을 목표로 할 수 있습니다. 예를 들어, 지역 내 도움이 필요한 곳을 조사하고, 자원봉사 팀을 구성하여 지속적인 지원 활동을 전개할 수 있습니다. 프로젝트 활동을 통해 지역사회의 문제를 해결하고,

다른 사람들에게 긍정적인 영향을 미치는 프로젝트가 될 수 있습니다. 또한, 이러한 경험은 리더십과 협동심을 기르는 데 큰 도움이 될 것입니다.

퍼스널 프로젝트는 단순한 시도가 아니라, 여러분의 꿈을 현실로 만들어 줄 수 있는 중요한 발판입니다. 지금 바로 프로젝트를 시작해 보세요. 불완전하지만, 작은 시작이 큰 변화를 만들어 낼 것입니다. 여러분의 꿈과 목표를 향해 나아가는 첫걸음을 내디디세요. 첫 발걸음이 비록 미약하게 느껴질지라도, 그것이 곧 여러분의 미래를 변화시킬 수 있는 커다란 원동력이 될 것입니다.

퍼스널 프로젝트
설계 가이드

이장에서는 퍼스널 프로젝트를 단계별로 설계하는 방법을 안내해 드리겠습니다. 천천히 아래 단계를 따라가며 여러분만의 프로젝트를 만들어 보세요.

1단계 : 관심사 파악하기

가이드 메시지

가장 먼저 해야 할 일은 여러분의 흥미와 열정을 찾는 것입니다. 어떤 주제나 활동이 여러분의 관심을 끌고 무엇을 할 때 가장 즐거운지 생각해 보세요. 이는 여러분이 진정으로 좋아하는 것을 발견하고, 그것을 통해 어떤 프로젝트를 시작할지 결정하는 첫걸음입니다. 꿈을 이루기 위한 시작은 바로 여러분의 관심사에서부터 시작됩니다.

〈목표〉　자신의 흥미와 열정을 발견하기

〈활동〉　1) 관심 있는 프로젝트 주제가 있다면 적기

　　　　2) 자신이 좋아하는 일과 잘하는 일을 구분해서 적기

　　　　3) 이전에 했던 활동 중 즐거웠던 것과 성취감을 느꼈던 것이 있다면 적기

구 분	리스트
관심 있는 주제	
좋아하는 일	
잘하는 일	
즐거웠던 활동	

예를 들자면,

나는 음악에 관심이 있고, 새로운 음악을 듣는 것을 좋아해

그리고 악기 연주를 잘하고, 음악 동아리 활동이 즐거웠는데

그럼 '작곡 프로젝트'를 해볼까?

계속해서 고민이 된다면 먼저, 주변 친구와 동아리 활동을 하거나 봉사활동에 참여해 보는 것도 좋습니다. 아니면 다양한 분야에서 단기 아르바이트를 통해 경험을 쌓는 것도 좋은 방법입니다. 다양한 경험을 통해 좋아하는 것을 발견하세요.

2단계 : 명확한 목표 설정

가이드 메시지

프로젝트를 성공적으로 이끌기 위해서는 명확한 목표 설정이 중요합니다. 구체적이고 달성 가능한 목표를 세우고, 단기 목표와 장기 목표를 명확히 구분해 보세요. 목표를 명확히 하면, 무엇을 해야 할지 분명해지고, 이를 통해 동기부여도 더욱 강해질 수 있습니다.

〈목표〉   프로젝트의 명확한 목표와 방향 설정

〈활동〉   1) SMART 목표 설정하기

: 구체적(Specific), 측정 가능(Measurable), 달성 가능(Achievable),

관련성 있는(Relevant), 시간제한이 있는(Time-bound)

2) 단기 프로젝트와 장기 프로젝트 구분하기

예를 들자면,

3개월 동안 매주 1곡씩 작곡하기(단기 목표)

1년 안에 10곡으로 앨범 만들기(장기 목표)

좋은 프로젝트를 위해서는 목적 달성에 필요 없는 내용을 최소한
으로 줄여야 합니다. 누구나 계획한 일을 전부 다 할 순 없습니다. 일
을 미뤄야 하는 순간에 사람들은 두 가지로 분류됩니다. 일을 미루
는 기준을 '일의 중요도'에 두는 사람과 '일의 난이도'에 두는 사람.

일의 난이도에 두는 사람은 빨리 처리할 수 있는 쉬운 일부터 합
니다. 해야 할 일의 목록을 거침없이 지워나가죠. 문제는 정작 고
민이 필요한 일 앞에서 시간과 에너지 둘 다 부족한 경우가 많다는
것입니다. 쓸모없는, 하지 않아도 되는 일을 효율적으로 하는 것
입니다.

성실하게 노력하고 최선을 다하지만 어딘가 엉성한 결과가 나오기 쉽죠. 반대로, 일의 중요도에 두는 사람은 가장 가치 있고 중요한 일을 먼저 합니다. 마찬가지로 시간과 에너지는 부족하지만 '반드시 해야 하는 일'에 전념했으니, 상관없습니다.

목표 달성을 위한 최고의 방법은 '선택'과 '집중'입니다. 최소한의 시간과 비용을 투자하여, 최대한의 만족과 경험에 집중해야 합니다. 그래서 무언가를 선택한다는 것은 반대로 무수한 무언가를 버렸다는 것입니다. 무엇이든 시작하기 전에 그것이 정말 필요한 일인지, 최선의 선택인지 고민하고 무엇을 끝까지 남길 것인가 고민하여 집중할 가치가 있는 일이 생겼을 때, 최선을 다하는 것입니다. 명심하세요. 여러분이 게임에서 승리하려면 무수히 많은 부하가 아니라, 단 하나의 왕을 잡아야 합니다.

3단계 : 필요한 자원과 자료조사

가이드 메시지

프로젝트에 성공적으로 마치기 위해 필요한 자원과 자료를 준비하세요. 여러분의 프로젝트가 제대로 진행되기 위해서는 필요한 도구와 자료가 무엇인지 인지하고 충분히 확보해야 합니다. 필요한 자원을 미리 준비하면, 프로젝트 진행 중에 겪을 수 있는 어려움을 미리 예방할 수 있습니다.

〈목표〉   프로젝트에 필요한 자원과 자료 준비

〈활동〉   1) 필요한 물품, 자료, 사람 리스트 작성하기

        2) 관련 서적(책), 온라인 자료, 멘토 찾기

        3) 예산 및 시간 계획 수립하기

예를 들자면,

작곡 소프트웨어와 키보드 구입하기

작곡 관련 온라인 강의 듣기

작곡가 멘토에게 피드백 받기

4단계 : 구체적인 실행 계획 작성

가이드 메시지

프로젝트를 성공적으로 진행하기 위해서는 구체적인 계획을 세우는 것이 중요합니다. 세밀한 계획을 통해 실행력을 높이고, 그

에 따라 차근차근 목표를 이루어 가는 과정에서 많은 것을 배울 수 있습니다.

〈목표〉   프로젝트 진행을 위한 구체적인 계획 수립

〈활동〉   1) 프로젝트 진행 일정 작성하기

2) 세부 단계별 활동 계획 수립하기

예를 들자면,

1월 기초 작곡 기술 배우기

2월 첫 곡 작곡 및 녹음하기

3월 멘토 피드백을 바탕으로 곡 수정하기

프로젝트 실행을 위해서는 계획도 중요하지만, 기한을 설정하는 것이 중요합니다. 기한이 있으면 긴장감이 생기고, 프로젝트를 완수할 수 있게 됩니다. 좋은 예로 도서관에서 책을 빌려서 읽는 것입니다. 책을 구입하지 않아도 독서를 할 수 있다는 장점도 있지만, 중요한 점은 '반납일'이라는 기한이 있다는 점입니다. 반납일 전까지 책을 읽어야 하는 긴장감 덕분에, 집중해서 제때 읽을 수 있게 되는 것이지요.

5단계 : 프로젝트 실행

가이드 메시지

계획한 대로 프로젝트를 실행하세요. 실행하면서 발생하는 문제점들을 해결하고, 계획을 수정해 나가는 경험을 통해 성장할 수 있습니다.

〈목표〉　　계획한 대로 프로젝트 실행

〈활동〉　　1) 단계별 계획에 따라서 실행하기

　　　　　　2) 진행 상황을 기록하고 문제점 및 해결방법 도출하기

　　　　　　3) 점검을 통해 계획 수정 및 보완하기

예를 들자면,

매주 작곡한 곡을 녹음하여 SNS에 업로드하기

매월 말 멘토와 피드백 진행하기

피드백을 반영하여 곡 수정

6단계 : 프로젝트 아카이빙

가이드 메시지

프로젝트의 모든 과정을 정리하고 기록하세요. 프로젝트가 끝난 후에도 여러분의 경험을 통해 배운 것들을 되돌아보고, 이를 다음 프로젝트에 반영할 수 있습니다.

기록은 여러분의 성장을 시각적으로 확인할 수 있는 중요한 도구입니다.

〈목표〉　　프로젝트의 모든 과정 기록

〈활동〉　　1) 프로젝트 결과에 따른 개선점 도출하기

　　　　　　2) 프로젝트 전 과정을 문서화하기

　　　　　　3) 사진, 동영상 등 정리하기

예를 들자면,

작곡한 곡을 피드백 받기

SNS에 곡을 업로드하기

개인 클라우드(저장소)에 폴더를 만들어서 정리하기

일반적으로 계획에는 항상 결과나 성과가 따라와야 하지만, 퍼스널 프로젝트에서는 큰 성과보다는 작은 목표를 이뤄가는 과정 자체가 더 중요합니다. 그 이유는 두 가지입니다. 첫째, 결과물이 나오든, 나오지 않든, 그 과정 자체가 성취이기 때문입니다. 실행자가 성과에 얽매이면 창의적인 시도를 하기 어려워집니다.

둘째, 이 프로젝트는 남에게 고용된 입장이 아니기 때문에, 프로젝트 도중에 싫증이 나거나 미완성에 그칠 수도 있다는 점을 이해해야 합니다.

끝까지 열심히 했음에도 큰 성과를 거두지 못할 수도 있습니다. 그러나, 도전은 언제나 위대합니다. 퍼스널 프로젝트가 마무리된 후에는 그 과정을 기록하여 포트폴리오로 만드는 것이 프로젝트의 마지막 단계입니다. 실행이 쌓여 기록이 되고, 그 기록이 포트폴리오가 되어 결국 자신만의 브랜딩으로 이어집니다.

이제 여러분도 퍼스널 프로젝트를 설계하고 시작해 보세요. 작은 시작이 큰 변화를 만들어 낼 것입니다. 여러분의 꿈과 목표를 향해 나아가는 첫걸음을 내디디세요.

아래는 청소년들이 실제로 따라 할 수 있는 구체적인 퍼스널 프로젝트 예시입니다.

퍼스널 프로젝트 예시

1. 환경 보호 프로젝트

〈목표〉　지역사회에서 환경 보호 활동을 통해 환경 의식을 높이고 실천하기

〈활동〉　1) 지역 공원이나 해변 청소 활동 조직하기

2) 재활용 캠페인 및 워크숍 개최하기

3) 지역 학교에서 환경 보호 교육 프로그램 운영하기

4) 환경 보호 블로그나 SNS 계정을 통해 활동 공유 및 홍보하기

이 프로젝트는 청소년들이 지역사회에 기여하면서 환경 문제에 대한 인식을 높일 수 있는 좋은 방법입니다. 다양한 활동을 통해 실질적인 변화를 만들어 내고, 이를 SNS 계정에 공유하여 다른 사람들과 공유함으로써 더 큰 영향력을 발휘할 수 있습니다.

2. 예술 전시회 기획

〈목표〉 　자신의 예술 작품을 전시하고, 다른 청소년 아티스트들과
　　　　 교류하기

〈활동〉 　1) 개인 작품 제작 및 포트폴리오 구성하기

　　　　 2) 지역 갤러리나 커뮤니티 센터와 협력하여 전시회 장소
　　　　 　 마련하기

　　　　 3) 온라인 플랫폼(예: 인스타그램, 페이스북)을 통해 전시회 홍보
　　　　 　 하기

　이 프로젝트는 청소년들이 자신의 창작물을 전시하고, 다른 아
티스트들과의 교류를 통해 예술적 영감을 나눌 수 있는 기회를 제
공합니다. 전시회를 기획하면서 기획력과 조직력을 기를 수 있으
며, 작품을 통해 자아를 표현할 수 있습니다.

3. 코딩 및 앱 개발

〈목표〉 　자신만의 애플리케이션을 개발하고 배포하기

〈활동〉 　1) 코딩 학습 및 프로젝트 계획 수립하기

　　　　 2) 간단한 앱 아이디어를 구상하고 설계하기

　　　　 3) 프로토타입 개발 및 피드백 수집하기

　　　　 4) 최종 앱 개발 후 구글 플레이나 앱스토어에 배포하기

5) 앱 개발 과정과 결과를 블로그나 유튜브 채널을 통해 공

유하기

이 프로젝트는 청소년들이 기술적 역량을 키우고, 문제 해결 능력
을 향상시킬 수 있는 좋은 기회입니다. 실제로 앱을 개발하여 배포
함으로써 성취감을 느끼고, 자신의 작업을 널리 알릴 수 있습니다.

4. 봉사활동 및 커뮤니티 서비스

〈목표〉　　지역사회의 문제를 해결하고, 봉사 정신을 함양하기

〈활동〉　　1) 지역사회의 필요를 조사하고 봉사활동 기획하기

2) 노인 복지시설 방문 및 활동 지원하기

3) 특정 계층을 위한 기부 캠페인 조직하기

4) 지역 아동들을 위한 학습 지원 프로그램 운영하기

이 프로젝트는 청소년들이 지역사회의 필요를 직접 조사하고,
이를 해결하기 위한 구체적인 활동을 기획함으로써 사회적 책임감
을 키울 수 있습니다. 다양한 봉사활동을 통해 다른 사람들을 돕는
보람을 느낄 수 있습니다.

5. 독서 및 서평 블로그 운영

〈목표〉 독서 습관을 기르고, 책에 대한 서평을 공유하기

〈활동〉 1) 다양한 장르의 책을 선정하고 독서 계획 수립하기

2) 책을 읽고, 요약 및 서평 작성하기

3) 블로그나 SNS에 서평 게시하기

4) 독서 모임 조직하여 다른 독자들과 토론하기

이 프로젝트는 청소년들이 독서 습관을 기르고, 책에 대한 깊은 이해를 바탕으로 서평을 작성하여 공유할 수 있습니다. 독서 모임을 통해 다른 독자들과 토론하며 다양한 시각을 접할 수 있습니다.

6. 창의적 글쓰기 프로젝트

〈목표〉 글쓰기 실력을 향상시키고, 자신의 이야기를 출판하기

〈활동〉 1) 매일 일정 시간 동안 창의적 글쓰기 연습하기

2) 단편 소설, 시, 에세이 등 다양한 글쓰기 시도하기

3) 온라인 커뮤니티에 작품 게시 및 피드백 받기

4) 출판을 위한 자가 출판 플랫폼 탐색 및 출판하기

이 프로젝트는 청소년들이 창의적 글쓰기를 통해 자신의 이야기를 표현하고, 출판을 목표로 하는 과정을 경험할 수 있습니다. 다

양한 글쓰기를 시도하고, 피드백을 받으며 자신의 글쓰기 능력을
향상시킬 수 있습니다.

보호자의 지원 방법

청소년들이 퍼스널 프로젝트를 성공적으로 이루어 낼 수 있도록
보호자가 지원할 수 있는 최고의 방법은 청소년이 프로젝트에 대
한 관심을 가지도록 격려하는 것입니다. 보호자의 관심과 격려는
큰 동기부여가 됩니다.

1) 프로젝트를 진행할 수 있는 충분한 시간과 조용한 공간을 제
   공해 주세요. 이는 청소년이 집중할 수 있는 환경을 마련해
   줍니다.

2) 프로젝트에 필요한 도구를 구입해 주거나 집 근처 도서관이
   나 커뮤니티 센터를 활용할 수 있도록 도와주세요. 필요한 자
   료나 정보를 쉽게 얻을 수 있도록 지원하는 것도 큰 도움이
   됩니다.

3) 주말이나 방학 동안 관련된 행사나 워크숍에 참여할 수 있도록 도와주세요. 이를 통해 청소년이 프로젝트와 관련된 다양한 경험을 쌓을 수 있습니다.

4) 프로젝트에 도움이 될만한 전문가를 찾아 연결해 주는 것도 중요합니다. 주변에 관련 분야의 전문가가 있다면 멘토 역할을 할 수 있도록 소개해 주세요. 전문가의 조언과 경험은 큰 자산이 됩니다.

5) 프로젝트를 진행하면서 청소년들이 겪을 수 있는 스트레스나 불안감을 이해하고 지지해 주세요. 보호자의 심리적 지원은 청소년이 어려움을 극복하고 꾸준히 프로젝트를 이어나가는 데 큰 힘이 됩니다.

• 출항을 마무리하며 •
스스로에게 던지는 질문

Q. 지금 당장 시작할 수 있는 작은 퍼스널 프로젝트를 생각해 보세요. 그 프로젝트가 성공했을 때 나에게 어떤 기쁨을 줄까요?

Q. 갭이어(gap year) 동안 내가 하고 싶은 활동을 계획해 보세요. 그 활동이 나의 성장과 행복에 어떤 긍정적인 영향을 미칠지 상상해 보세요.

Q. 내가 이루고자 하는 꿈을 어딘가에 적었나요? 적었다면 그 꿈을 이뤄가는 과정에서 사진과 영상, 일기 등을 꼭 남기세요. 비록 이루지 못해도 멋진 모습은 남을 거예요.

"퍼스널 프로젝트를 통해 자신의 꿈을 현실로 만드는 방법을 알아보았습니다. 이 여정에서 우리는 자신의 열정과 능력을 발견하며, 끊임없이 성장해 왔습니다. 이제 이 여정의 끝에서 우리는 그동안의 경험을 바탕으로 새로운 시작을 준비해야 합니다. 여러분의 꿈을 향한 항해는 끝이 아니라, 새로운 도전의 시작입니다. 함께 그 새로운 시작을 향해 나아갑시다."

참고자료

청소년지도사로
근무하며

진로에 대한 방황으로 청소년 시기를 지나온 청소년지도사로서,
"청소년이 길거리의 방황이 아닌, 다른 선택을 할 수 있는 환경을
마련해 주어야 한다."를 지도관으로 가지고 있습니다. 청소년들이
자신만의 길을 찾을 수 있도록 도움을 주는 역할이 중요합니다. 특
히 예술 분야에서 꿈을 키우고자 하는 청소년들에게 필요한 환경
을 제공하는 것이 중요합니다.

예술대학 입시를 포기하게 된 가장 큰 이유는 댄서로서의 진로
에 대한 막연함보다 경제적 부담이었습니다. 실용무용은 비교적
경제적 부담이 적은 예술 장르였지만, 입시 학원비와 작품비, 부
수적인 공연 참가비, 의상 구입비 등 다양한 비용이 필요했습니

다. 그래서 청소년이 공교육만으로 예술대학에 진학할 정도로 생활예술 교육이 보편화되기를 바라는 마음이 있습니다.

청소년 시기는 문화적 욕구가 가장 높은 시기입니다. 하지만 문화 향유의 기회는 가정의 소득 수준과 지역에 따라 크게 차이가 납니다. 수도권과 대도시에서는 다양한 예술활동들이 많이 이루어지지만, 지방 소도시에서는 그러한 기회가 부족한 경우가 많습니다. 이는 청소년들이 자신의 꿈을 키우고 실현하는 데 걸림돌이 됩니다.

● 2023 문예연감, 시도별 문화예술활동 건수

지 역	전체건수	전체비율	
서울	15,377	37.9%	
부산	2,926	7.2%	
대구	2,345	5.7%	
인천	1,349	3.3%	
광주	1,579	3.8%	
대전	1,481	3.6%	
울산	719	1.7%	
세종	273	0.6%	
경기	4,274	10.5%	
강원	1,020	2.5%	

지 역	전체건수	전체비율	
충북	911	2.2%	
충남	1,017	2.5%	
전북	1,612	3.9%	
전남	947	2.3%	
경북	1,467	3.6%	
경남	2,244	5.5%	
제주	991	2.4%	

● 시도별 문화예술활동 건수

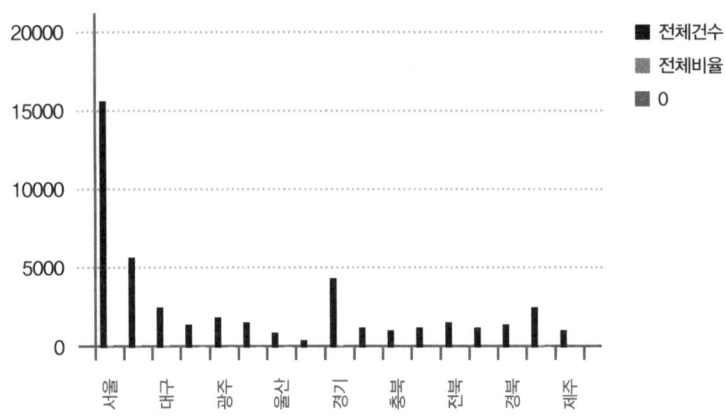

위 표는 2022년에 이루어진 예술활동의 건수를 지역 및 분야별로 정리한 자료입니다. 2022년 열린 4만 532건의 문화예술 활동 중 1만 5,377건이 서울에서 개최되었고, 서울 다음으로는 경기도에서 4,274건이 개최되어 역시 수도권에서 문화예술 활동이 많았습니다. 그다음으로는 부산(2,926건), 대구(2,345건), 경남(2,244건) 순으로 나타났습니다. 이 표를 보면 알 수 있듯이 수도권과 대도시에서 문화예술 활동이 집중되어 있음을 알 수 있습니다.

이러한 불균형을 해소하기 위해, 저는 청소년들이 경제적 부담 없이 예술을 접하고 경험할 수 있는 다양한 프로그램을 기획하였습니다.

이러한 불균형을 해소하기 위해, 저는 청소년들이 경제적 부담 없이 예술을 접하고 경험할 수 있는 다양한 프로그램을 기획하였습니다. 춤은 단순한 신체 활동을 넘어, 개인의 내면에 잠재된 감정을 외부로 표출하는 강력한 도구입니다. 특히 크럼프(krump)라는 스트릿댄스 장르는 그 대표적인 사례입니다. 크럼프는 1990년대 초반 미국 로스앤젤레스의 흑인 커뮤니티에서 탄생했으며, 억압된 감정과 사회적 불만을 강렬한 움직임으로 표현하는 데 중점을 둔 스트릿댄스 장르입니다. 당시 많은 청소년들은 갱 폭력과 인종 차별로 가득 찬 환경 속에서 크럼프를 통해 자신들의 감정을 해소하고, 춤을 통해 사회적 결속을 다지며 서로를 지지했습니다. 이 춤은 청소년들이 자신의 목소리를 내고, 자기 정체성을 긍정적으로 형성하는 데 중요한 역할을 했습니다.

크럼프를 비롯한 스트릿댄스는 청소년들이 자신의 감정과 생각을 표현하고, 자아를 발견해가는 과정에서 매우 중요한 교육적 가치를 지닙니다. 백댄서로 시작된 스트릿댄스가 사회적·문화적 화제로 떠오르면서, 이 장르에 대한 대중의 관심이 크게 증가했습니다. 이러한 변화는 청소년들이 스트릿댄스를 통해 자기표현의 자유를 느끼고, 자신의 정체성을 발견하는 계기가 되었습니다. 스트릿댄스는 이제 단순한 유행을 넘어, 청소년들이 자신의 감정을 건강하게 표현하고, 사회적 연결고리를 강화하는 중요한 수단으로 자리 잡고 있습니다.

저는 청소년들이 스트릿댄스를 통해 자신의 개성과 감정을 자유롭게 표현할 수 있는 기회를 제공하고자 꾸준히 노력해 왔습니다. 스트릿댄스는 기술적인 면뿐만 아니라, 자신의 감정을 춤으로 승화시키며 자아를 탐구하고 표현할 수 있는 특별한 매체입니다. 이러한 경험은 청소년들이 자기 자신을 더욱 깊이 이해하고, 자신감을 키우며, 사회적 연결고리를 형성하는 데 큰 도움이 됩니다. 앞으로도 스트릿댄스를 통해 청소년들이 자신의 꿈을 키워나가고, 그 과정에서 진정한 자아를 발견해 가는 여정을 계속해서 지원할 것입니다.

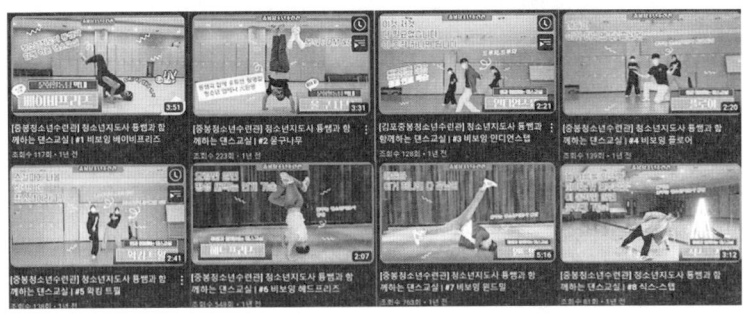

출처 : 김포시청소년재단 유튜브 채널

코로나19 팬데믹 시기에는 대면 활동이 어려웠기 때문에, 기관 유튜브 채널을 통해 브레이킹을 알려주는 영상을 올렸습니다. 이를 통해 청소년들이 각자의 공간에서 원하는 시간에 연습할 수 있도록 하여, 예술 교육의 접근성과 기회를 넓히고자 했습니다.

〈김포시청소년재단 댄스워크숍 '춤맥상통'〉

　코로나19로 인한 4인 이상 집합 금지가 해제된 이후에는 청소년 청소년재단 내 댄스 동아리들과 함께 댄스워크숍을 개최했습니다. 이 워크숍에서는 댄스 이론을 공부하고, 브레이킹 기본 동작을 배우며, *사이퍼(cypher)를 열기도 했습니다. 이 과정에서 청소년 친구들이 스트릿댄스에 흥미를 보이기도 하고, 자신의 잠재력을 발견할 수 있는 소중한 기회를 가졌습니다. 워크숍은 단순한 기술을 넘어, 공동체 안에서 소통하고 성장할 수 있는 장이 되었습니다.

---

* 　사이퍼(cypher) : 댄서들이 원형으로 모여 즉흥적으로 자유롭게 춤을 추며 서로 교류하고 공유하는 장.

〈중봉청소년수련관 거리문화조성 기획활동 '유스어게인'〉

관객 앞에서 연습해 온 노력을 표현할 수 있는 버스킹 공연도 진행해, 동아리 활동에 큰 동기부여가 되었습니다. 이 공연을 통해 댄스 동아리의 이름을 알리고, 새로운 청소년들이 관심을 가지게 되어 참여를 독려할 수 있었습니다.

브레이킹이 파리올림픽 종목에 선정되면서, 2023년부터 브레이킹 동아리를 육성하기 위한 프로젝트를 약 1년간 진행했습니다. 이 프로젝트의 일환으로 비보이 대회도 벤치마킹 하고 공연도 두 차례 참가해 브레이킹 실력을 쌓고 경험을 넓힐 수 있도록 지원했습니다.

대부분의 경우 댄서가 댄스 교육을 맡지만, 반대로 교육가가 댄스를 가르치게 되면 몇 가지 독특한 장점이 있습니다. 교육가는 단순히 춤의 기술을 전달하는 것을 넘어서, 청소년들이 예술을 통해 성장하고, 사회적 관계를 형성하는 데 중요한 역할을 수행할 수 있습니다.

댄스 동아리 활동에 참여하는 청소년들은 단순한 기술 교육 이상을 필요로 합니다. 그들은 자신의 활동에 대해 깊이 이해하고, 지속적인 피드백을 제공할 수 있는 지도자를 원합니다. 청소년지도사로서의 경험은 이러한 요구를 충족시키는 데 큰 도움이 됩니다. 교육가는 청소년들이 예술을 통해 자아를 표현하고, 협동심과 사회적 기술을 개발하며, 자신감을 키울 수 있도록 돕는 데 탁월한 강점을 발휘할 수 있습니다.

이러한 지원은 청소년들이 예술을 통해 자신을 발전시키고, 더 나아가 건강한 사회적 관계를 형성하며, 긍정적인 방향으로 성장할 수 있도록 돕는 데 중요한 역할을 합니다. 청소년지도사는 단순히 춤을 가르치는 것을 넘어, 이들이 예술적 활동을 통해 전인적 성장을 이룰 수 있도록 이끌어 주는 중요한 존재가 됩니다.

세상에는 춤추는 청소년지도사보다 멋진 직업들이 많습니다. 중요한 점은 여러분도 자신만의 꿈을 찾는 모험생이 될 수 있다는 것입니다. 지금 당장은 어려움이 있더라도, 그 과정조차 꿈을 향한 과정이라는 사실을 기억하세요!

제가 볼 수 있게 만들어 주셔서 감사합니다.
더 큰 세계를
앞으로도 더 멋지게 성장하겠습니다!
는 감사했고, 앞으로 항상 건강하시길 기도하겠습니다!!
저 잘 챙겨주셔서 너무 감사했습니다...

〈제자가 적어준 손편지〉

저자의
퍼스널 프로젝트

프로젝트 1:
스트릿댄스팀 아우라크루

〈스트릿댄스팀 아우라크루 기념사진〉

프로젝트 소개 및 실행 계기

이 프로젝트는 문화민주주의와 문화민주화 이론을 기반으로 생활예술과 전문예술이 순환하는 생태계를 구축하여, 지역의 스트릿댄스 씬을 발전시키기 위한 목적을 가지고 있습니다.

아우라크루는 2017년, 광주광역시에 위치한 조선대학교를 거점으로 결성된 단체이며, 로고 제작부터 시작하여 공연 및 대회 참가, 홍보 활동 등을 통해 팀의 정체성을 확립하고 지속적인 성장을 이루었습니다.

프로젝트 실행 순서

1) 로고 제작

크루를 상징하는 로고를 제작하여
팀의 정체성을 시각적으로 표현했습니
다. 로고는 팀의 일체감을 높이고, 외
부에 강한 인상을 남길 수 있었습니다.

〈아우라크루 팀 로고〉

2) 모집 포스터 제작

매주 연습할 요일과 장소를 결정하여 모집 포스터를 제작했습니
다. 새로운 멤버를 모집하기 위해 연습 요일과 장소를 미리 결정함
으로써 일정 조정의 어려움을 줄이고, 참여를 독려했습니다.

3) 정기 연습

정해진 일정에 맞춰 팀원들이 함께 연습하며 안무 대형을 창작
했습니다. 또한 개인의 역량을 더욱 높이기 위해 각자 맡은 장르의
안무를 별도로 연습하기도 했습니다.

4) *닉네임(A.K.A) 제작

각 팀원들에게 자신만의 닉네임을 만들도록 하여 개성과 팀 내 역할을 강조했습니다. 닉네임은 팀 내에서의 소통을 원활하게 하고, 각자의 정체성을 반영할 수 있도록 했습니다. 또한 닉네임은 외부 공연이나 SNS 활동 시 팀을 대표하는 개인의 아이덴티티로 활용될 수 있었으며, 이를 통해 팀원들 간의 유대감이 강화되었고, 무대에서의 자신감을 더욱 끌어올릴 수 있었습니다. 닉네임을 정할 때는 본인의 별명, 춤 스타일, 캐릭터, 또는 좋아하는 단어 등을 고려해 선택했습니다.

---

* 닉네임(A.K.A) : 닉네임은 스트릿댄서의 스타일, 철학, 정체성을 반영하는 중요한 요소임. 단순한 이름 이상의 의미를 담고 있으며, 댄서의 자아 표현과 커뮤니티 내에서의 인지도를 높이는 역할을 함. 닉네임은 종종 그들이 존경하는 인물, 경험한 사건, 또는 독특한 특징을 기반으로 만들어지며, 이는 댄서의 예술적 정체성의 연장선으로 작용함. 스트릿댄서들은 타 장르의 무용수와 달리 자신을 대변하는 닉네임을 많이 사용하며, 이를 통해 자신만의 독창적인 브랜드를 구축함.

정 관

2017.03.12 제정
2018.06.05 개정

제 1장 총 칙

제 1조 (명칭)

1. 본 단체의 명칭은 '아우라크루'로 한다.

2. 본 단체의 영문 표기명은 'AURACREW'로 한다.

제 2조 (목적)

아우라크루는 국립아시아문화전당과 가장 가까이에 위치한 대학인 최초의 민립 사학, 조선 대학교를 소재지로 광주광역시의 생활예술 진보를 위하여 문화 민주주의를 향유하는 새로운 시대의 두레패이며, 틀에 갇히지 않고 자유롭게 춤추는 예술적인 삶을 지향한다.

〈단체의 정관〉

5) *정관 작성

팀의 운영 방침과 규칙을 정리한 정관을 작성했습니다. 이는 단체의 조직력과 운영의 투명성을 높이는 데 기여했습니다.

---

* 정관 : 조직이나 단체의 목적, 명칭, 운영 방침 등을 규정한 공식 문서로, 단체의 운영 원칙과 기본적인 규칙을 명시함.

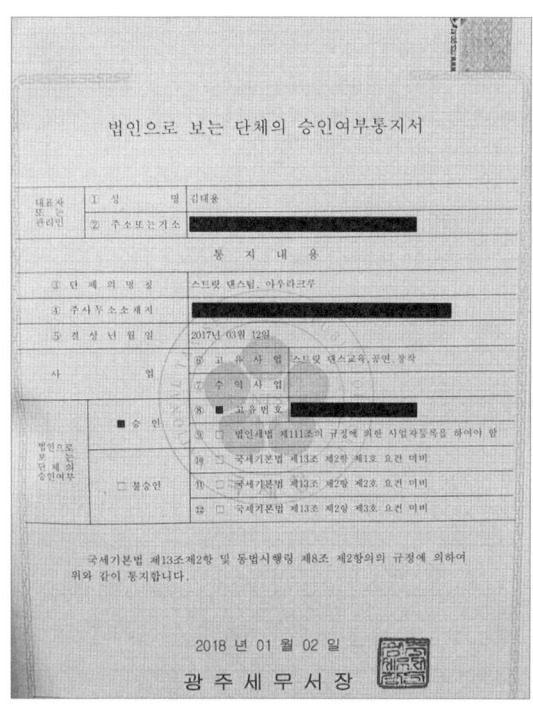

〈단체의 법인설립 승인통지서〉

6) 비영리 단체 신고

공식적으로 비영리 단체로 등록하여 법적 지위를 확보하고, 지원사업에 신청할 수 있는 여건을 마련했습니다.

3. 동아리 추천서

- 동아리명 : 스트릿 댄스팀, 아우라크루
- 활동주소 : 광주광역시 동구 필문대로 309,
  조선대학교 학생회관 6102-1호
- 활동장르 : 힙합(보컬,랩,스트릿댄스)

추천 이유 및 특기사항

(손글씨로 작성된 추천 내용)

2018년 3 월   일

재단법인 광주광역시 광주문화재단 대표이사 귀하

〈지원사업 신청을 위해 교수님께 받은 동아리 신청서〉

7) 지원사업 신청

문화재단의 지원사업에 신청하여 85만 원의 지원금을 받았습니다. 이 자금은 팀 활동에 필요한 다양한 비용을 충당하는 데 사용되었습니다.

8) 공연 개최

지역사회와의 소통을 강화하고, 팀의 역량을 보여줄 수 있는 공연을 개최했습니다. 공연은 팀원들에게 큰 동기부여가 되었습니다.

9) 대회 참가

공연 외에도 다양한 대회에 참가하여 팀의 실력을 평가받고, 더 나은 성과를 위해 노력했습니다.

10) 단체복 제작

팀의 일체감을 높이고, 외부에서 팀을 알리는 데 도움을 주는 단체복을 제작했습니다.

〈아우라크루 팀복 제작을 위한 도안〉

11) 단체 사진 촬영

향후 홍보 포스터 제작이나 공식 활동 소개 등에 사용할 수 있는 팀의 사진을 촬영했습니다.

11) SNS 채널 운영

홍보 담당자를 정해 팀의 활동을 사진과 영상으로 SNS에 업로드했습니다. 이를 통해 더 많은 사람들에게 팀의 활동을 알렸습니다.

프로젝트 후기

아우라크루는 2017년에 시작하여 1년간의 활발한 활동을 펼친 후, 2018년에 그 여정을 마무리하였습니다.

고등학생 시절, 실용무용 전공하기를 꿈꾸었지만, 그 길을 포기했습니다. 그러나 춤에 대한 열정은 사그라지지 않았고, 저는 그 열정을 새로운 방식으로 이어나가기로 결심했습니다.

대학에서 다니며, 직접 댄스팀을 설립하게 되었습니다. 이 팀이 바로 아우라크루입니다.

법학이라는 분야에서 얻은 전공 지식이 단순히 학문적 성취로 끝나지 않고, 예술단체를 설립하고 운영하는 데 큰 도움이 되었습니다.

대표로서 역할을 하며, 예술에 대한 열정을 다시금 확인할 수 있었습니다. 법학적 사고와 조직 관리 능력은 팀의 대표로서 다양한 상황을 효과적으로 대처하게 해주었고, 예술과 법학이라는 두 분야가 서로를 보완하며 조화를 이루는 경험을 할 수 있었습니다. 이를 통해 저는 예술에 대한 열정을 다시금 확인할 수 있었고, 이를 현실로 구현하는 과정을 통해 개인의 성장도 할 수 있었습니다.

이 경험은 자신의 꿈을 포기하지 않고 다른 방식으로 이루어 나 갈 수 있음을 깨닫도록 했습니다. 꿈을 이루는 길은 여러 가지가 있으며, 꼭 전공을 통해서만이 아니라 다양한 방법으로 자신의 열 정을 실현할 수 있다는 것입니다. 전공을 포기했거나, 원하는 전 공을 선택하지 못했다고 해서 꿈이 사라지는 것은 아닙니다. 중요 한 것은 자신이 진정으로 원하는 것이 무엇인지 분명히 알고, 그 열정을 바탕으로 새로운 기회를 찾아 나서는 것입니다.

이 프로젝트의 경험을 통해 저는 꿈을 이루겠다는 열정과 그 꿈 을 향한 태도가 얼마나 중요한지 깨달았습니다. 이 경험이 다른 청 소년들에게도 새로운 가능성을 발견하고, 자신의 꿈을 포기하지 않도록 영감을 주기를 바랍니다.

가이드 메시지
1) 체계적인 계획과 실행의 중요성
팀의 정관을 작성하고, 비영리 단체로 등록하는 등의 조직적인 활동은 체계적인 계획과 실행이 얼마나 중요한지를 보여줍니다. 자신의 프로젝트에도 체계적인 계획을 세우는 습관을 가지세요.

2) 지속 가능한 성장 목표

아우라크루 프로젝트는 생활예술과 전문예술이 순환하는 생태계를 구축하여 스트릿댄스 씬을 발전시키고자 했습니다. 단순한 일회성 활동이 아니라 지속 가능한 성장을 목표로 하는 프로젝트를 구상하세요. 장기적인 비전을 가지고, 꾸준히 발전할 수 있는 구조를 설계할 방법을 고민해 보세요.

프로젝트 2 :
마플샵 지스트릿(G_STREET)

프로젝트 소개 및 실행 계기

지스트릿(G_STREET)은 스트릿댄스 문화를 담은 브랜드입니다. 청소년들이 자신의 정체성을 표현하고, 문화적인 소속감을 느낄 수 있도록 2022년에 시작되었습니다.

〈아우라크루 팀 로고〉

고등학생 시절, 길거리에서 댄스학원 로고가 그려진 단체 잠바를 입고 다니는 학생들을 본 적이 있습니다. 그들이 입고 있는 옷

이 명품도 아니었고, 단지 로고만 그려져 있는 잠바일 뿐이었지만, 그들의 정체성과 소속감이 멋지게 느껴졌습니다. 이 경험이 바로 지스트릿 브랜드를 시작하게 된 계기가 되었습니다. 지스트릿은 스트릿댄스의 에너지를 통해 청소년들이 자신만의 개성을 발견하고, 예술적 영감을 얻을 수 있는 플랫폼이 되기를 목표로 하고 있습니다.

프로젝트 실행 순서

1) *슬로건 결정 – 브랜드의 철학과 가치를 나타내는 슬로건 제작

지스트릿의 슬로건은 "Born On The 'Street', But Created by 'G'od"입니다. 해석하자면 "거리에서 태어났으나, 신이 만들었다."라는 뜻으로, 실제로 스트릿댄스가(종종 거리에서 추는 춤이라고 오해받지만) 거리에서 탄생했기에, 이를 반영한 문구입니다.

그리고 "신이 만들었다."라는 문구는 래퍼 비와이의 일화에서 영감을 받았습니다. 비와이는 교회에서 목사님이 "힙합은 악하니 그만하라."고 말하자, 이에 비와이는 "무슨 소리예요, 목사님. 이거

---

* 슬로건(slogan) : 특정한 메시지나 아이디어를 간결하고 효과적으로 전달하기 위해 사용되는 짧고 기억하기 쉬운 문구.

하나님이 만든 거예요."라고 대답했습니다. 이 일화는 그가 기독
교 신앙과 힙합 음악을 어떻게 조화롭게 여기는지를 보여주기도
합니다. 저는 이 일화에서 큰 울림을 느꼈고, 저에게 자신이 하는
일에 대한 확신과 믿음이 브랜드 철학에 반영되었습니다.

<상품 PRODUCT>

1. G_STRT
STIKER(스티커)

예상 가격 : 2,500원

G. 스트릿의 로고를 담은 스티커

어느 곳이든 자신이 필요에 따라서 붙이는 G. 스티커

"스케이드보드 브랜드로 출발한 슈프림(Supreme)은
박스로고를 스티커로 만들어서 사방팔방 붙였고,
케빈클라인의 속옷광고에 스티커를 붙여 소송 당했지만,
오히려 유명해진 일화를 벤치마킹하여 나오게 되었다."

〈지스트릿의 로고를 담은 스티커 제품 소개〉

2) 디자인 작업

다양한 디자인 시안을 제작하여 검토한 후, 브랜드 아이덴티티
에 가장 잘 부합하는 디자인을 최종적으로 확정했습니다. 이 과정
에서 브랜드의 핵심 가치를 반영하고, 시각적으로 일관된 이미지
를 유지하는 데 중점을 두었습니다.

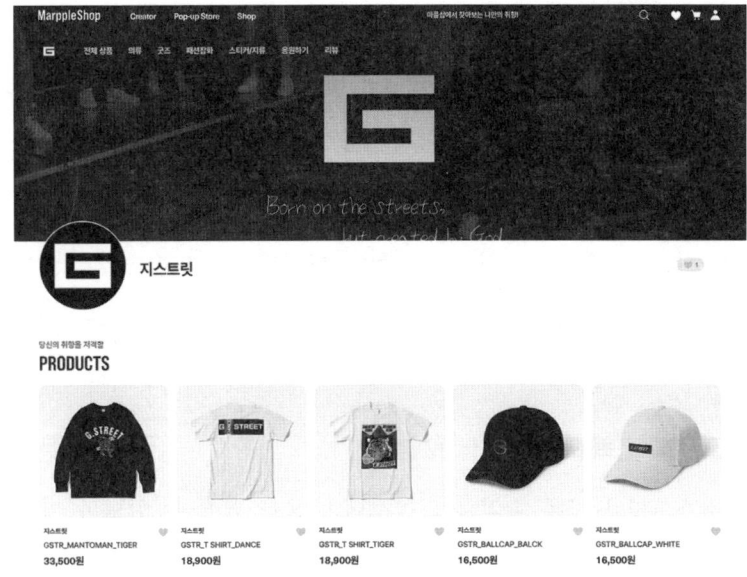

〈지스트릿의 온라인 스토어 페이지〉

3) 마플샵 입점 신청

2014년부터 셀프 티셔츠 제작 사이트 '마플(당시 '마켓프레스')'에서 저만의 티셔츠를 제작하기 시작했습니다. 이후 마플에서 크리에이터 커머스 플랫폼인 마플샵이 생겨났고, 저는 이 플랫폼에 셀러로 입점 신청을 완료했습니다. 이를 통해 온라인으로 제품을 판매할 수 있는 기반을 마련하게 되었으며, 더 넓은 고객층에 저의 브랜드를 소개할 수 있는 기회를 얻었습니다.

4) SNS 홍보 및 마케팅

인스타그램, 페이스북 등 다양한 SNS 채널을 활용하여 브랜드와 제품을 적극적으로 홍보했습니다. 제품의 사진과 영상을 정기적으로 업로드하여, 더 많은 사람들에게 브랜드를 알리고 고객과의 소통을 강화했습니다. 이를 통해 브랜드 인지도를 높이고, 잠재 고객들에게 제품의 매력을 효과적으로 전달했습니다.

프로젝트 목표와 계획

지스트릿은 모든 수익금을 청소년이 꿈을 펼칠 수 있도록 예술 공간과 문화적 기회를 제공하는 것을 목표로 하고 있습니다.

"지난 2년 동안 거창한 목표와 계획을 세웠지만, 아직 세상을 멋지게 바꾸는 데까지는 이르지 못했습니다. 그럼에도 불구하고, 다행인 것은 시작할 때부터 지금까지 우리의 열정과 마음가짐이 변함없이 굳건하다는 점입니다. 우리는 이 열정을 바탕으로 앞으로도 계속 나아가며, 청소년들이 더 많은 기회를 가질 수 있도록 최선을 다할 것입니다."

우리는 소프트웨어(온라인 스토어 · 소셜 미디어)에서 나오는 수익으로 하드웨어(청소년 댄스스튜디오 · 문화공간)를 점진적으로 확장해 나갈 계획입니다. 이를 통해 각 사업이 유기적으로 연결되어 시너지를 발휘할 수 있는 안정적인 시스템을 구축하고자 합니다. 이러한 전략은 지속 가능한 성장을 가능하게 하며, 청소년들에게 더 많은 기회와 공간을 제공하는 데 기여할 것입니다.

또한, 지스트릿이 성장하게 되면, 주식회사처럼 회사가 대표의 개인 소유가 아닌 주주들의 소유가 되듯이, 지스트릿도 청소년들이 직접 참여하고 소유할 수 있는 브랜드로 발전시키는 것을 목표로 하고 있습니다. 청소년들이 이 브랜드의 주인이 되어, 그들의 목소리와 아이디어를 반영하여 함께 성장할 수 있는 플랫폼으로 발전시키고자 합니다.

가이드 메시지

1) 작은 아이디어로 시작해 프로젝트로 발전 시키기

자신의 관심 분야에서 작은 아이디어를 시작으로 프로젝트를 시작해 보세요. 큰일은 작은 시작에서 비롯됩니다. 예를 들어, 지스트릿은 단순한 티셔츠 제작에서 시작했지만, 더 큰 목표와 비전을 가지고 지속적으로 발전해 왔습니다. 여러분도 자신이 좋아하는 작은 것에서부터 시작해 보세요. 그 작은 시작이 시간이 지나면서 큰 변화를 이끌어 낼 수 있습니다.

2) 나의 프로젝트, 사회에 어떻게 기여할 수 있을까?

자신의 프로젝트가 단순히 개인적인 성취에 그치지 않고, 사회에 기여할 수 있는 방법을 고민해 보세요. 지스트릿이 수익금을 청소년 예술 공간에 사용할 계획이 있는 것처럼, 여러분의 프로젝트도 사회에 긍정적인 영향을 미칠 수 있는 방향으로 나아가면 더욱 의미 있을 것입니다. 작은 기여라도 시작해 보세요. 사회적 책임을 고민하며 프로젝트를 운영하는 것은, 여러분의 프로젝트를 더욱 가치 있게 만들어 줄 것입니다.

꿈을 향한 여정의 끝,
그리고 새로운 시작

비관주의자들은 별의 비밀을 발견해 낸 적도 없고,

지도에 없는 땅을 향해 항해한 적도 없으며,

영혼을 위한 새로운 천국을 열어준 적도 없다.

— 헬렌 켈러(미국의 작가 · 사회복지 사업가)

세상은 늘 미지의 세계를 항해하는 사람들에게 새로운 지평을 열어줍니다. 별의 비밀을 발견한 천문학자들, 미지의 땅을 찾아 나선 탐험가들, 그리고 인류를 새로운 차원으로 인도한 혁신자들처럼, 미지의 세계에 도전하는 이들에게는 항상 가능성과 기회가 주어집니다.

가치 있는 것들은 도전을 통해 얻을 수 있습니다. 실패할 가능성이 크더라도, 중요하다고 생각되는 일이라면 주저하지 말고 도전하세요. 꿈을 향한 여정이 바로 그런 것입니다. 꿈을 이루는 과정에서는 실패도 하나의 배움이 되어, 결국 더 큰 성공으로 이어질 수 있습니다. 중요한 것은 두려움에 굴복하지 않고, 끊임없이 도전하는 용기를 가지는 것입니다.

이 책은 여러분의 새로운 시작을 알리는 신호입니다. 이제 여러분만의 이야기를 써 내려가세요. 자신의 꿈을 찾아 나서고, 그 꿈을 향해 용기 있게 항해하며, 실패를 두려워하지 않는 모험생이 되기를 바랍니다. 지금 이 순간부터, 여러분의 인생이라는 책에 멋진 모험이야기로 채워지기를 바랍니다.

저의 좌우명은 "내 앞에는 길이 없지만, 뒤로는 길이 만들어진다."입니다. 이 말은 앞으로 나아갈 때는 길이 보이지 않더라도, 뒤돌아보면 내가 걸어온 길이 있다는 의미입니다.

용기를 내어 처음 걸었던 그 길이, 나만을 위한 길이 아닌 다른 사람에게도 영감을 주고, 그들에게 새로운 길을 열어주는 역할을 할 수 있습니다. 우리의 삶은 이렇게 서로에게 길을 만들어 주며 연결되고, 더 나은 미래를 향하는 다리가 됩니다.

비록 우리가 서로를 알지 못하지만, 여러분의 용기와 도전이 더 나은 세상을 만드는 데 큰 기여를 할 것임을 믿어 의심치 않습니다. 여러분의 꿈을 진심으로 응원합니다.

통쌤 김태용

⚓ 참고문헌

권아현(2024) 사회적 지지가 청소년의 개인비전과 학교적응에 미치는 영향. 경기대학교 대학원 석사학위논문.

류모진(2012) 소명교육의 개념 정의와 소명교육 교육과정 개발 연구. 한동대학교 교육대학원 석사학위논문.

한국문화예술위원회 2023 문예연감.

박한솔, 변인숙(2022) 스트릿 댄스의 교육적 가치 고찰. 영남춤학회誌, 국민대학교, 영남대학교.

강용택(2011) 닉네임의 언어 특징에 관하여. 서울대학교, 국어교육연구소 국어교육연구.

안창용, 정진욱(2014) 스트릿 댄서 입문기와 자아존중감에 대한 체험적 분석. 경남대학교, 한국무용연구.

모험생을 위한
비전 나침반

초판 1쇄 발행 2024. 10. 12.

지은이 김태용
펴낸이 김병호
펴낸곳 주식회사 바른북스

편집진행 황금주
디자인 양헌경

등록 2019년 4월 3일 제2019-000040호
주소 서울시 성동구 연무장5길 9-16, 301호 (성수동2가, 블루스톤타워)
대표전화 070-7857-9719 | **경영지원** 02-3409-9719 | **팩스** 070-7610-9820

•바른북스는 여러분의 다양한 아이디어와 원고 투고를 설레는 마음으로 기다리고 있습니다.

이메일 barunbooks21@naver.com | **원고투고** barunbooks21@naver.com
홈페이지 www.barunbooks.com | **공식 블로그** blog.naver.com/barunbooks7
공식 포스트 post.naver.com/barunbooks7 | **페이스북** facebook.com/barunbooks7